AI시대, 개발자로 살아가기

AI 시대, 개발자로 살아가기

초판 발행 2023년 8월 30일

지은이 윤기태, 오현석, 이지영, 최원효

펴낸이 방세근

펴낸곳 도서출판 심통

주소 경기도 의정부시 전좌로 204, 203호

전화 070.7397.0492

팩스 031.624.4830

전자우편 basaebasae@naver.com

인쇄/제본 미래 피앤피

가격 22,000원

ISBN 979-11-93247-01-3 93000

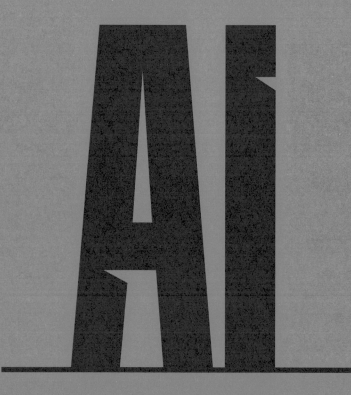

AI시대, 개발자로 살아가기

개발자 멘토 4인에게 듣는 성장 과정에서 겪었던 경험과 솔직한 고민들

윤기태, 오현석, 이지영, 최원효 지음

심통

머리말

저자
윤기태

인공지능 시대의 도래로 세상은 더 빠르게 변화하고 있다. 기술의 발전으로 우리의 삶은 이전과는 비교할 수 없는 방식으로 변화하며, 이에 따른 새로운 가능성과 도전이 펼쳐지고 있다. 그 중에서도 개발자는 이 시대의 주역이자 중심 인물로 떠오르고 있다.

인공지능 기술은 거의 모든 산업과 분야에 보편화되고 있다. 자율주행 차량, 음성 비서, 의료 진단, 금융 서비스, 로봇 기술 등 다양한 분야에서 우리는 이미 인공지능의 힘을 느끼고 있다. 이러한 혁신은 개발자들의 창의력과 역량에 크게 의존하고 있다. 그래서 우리는 조금 더 유연하게 이 시대적 흐름을 받아들일 필요가 있다.

저자는 그래픽 디자인을 전공한 AI 비전공자 출신이다. AI 기술에 대한 지식이 부족한 상태에서 시작하여 개발자로서의 길을 걷게 되었지만, 이로 인해 그 커리어는 더욱 독특하게 엮어나갔다. 개발자로서의 여정은 항상 배움과 도전의 연속이었고, 그래픽 디자인 전공에서 배웠던 창의성과 디자인 원리가 개발 프로세스에 도움을 주었다.

이 책에서는 단순히 개발자로서 성공하기 위해 필요한 기술이나 전문성에 대해 얘기하는 것이 아니라, 성장 과정에서 겪었던 작은 경험들과 직장인으로써 가지고 있는 솔직한 고민들에 대해 이야기하려고 한다. 그 이야기를 통해 독자 여러분이 개발자로서의 자세와 역량을 발전시키고, AI 시대의 주인공으로서 성장해 나갈 수 있기를 바란다.

yoonkt200@gmail.com

머리말

저 자
오현석

프로그래밍이란 이 세상을 만들어가는 도구, 생각을 현실로 만들어내는 창조의 수단이라고 생각한다. 이 책을 펼치신 여러분은 그 창조의 여정을 시작하려는 분, 혹은 그 여정을 더욱 성장시키고자 하는 분이실 것이다. 이 책을 집필하게 된 계기는 바로 여러분과 같은 분들을 위해서이다. 저자 또한 예전에 프로그래밍을 시작할 때 많은 어려움을 겪었다. 어디서부터 시작해야 할지 모르겠고, 힘든 문제에 부딪히면 종종 좌절감을 느꼈다. 그래서 저자는 이 책을 통해 프로그래머로서의 여정을 걷는 이들에게 도움을 주고 싶었다.

저자의 경험과 지식을 바탕으로, 이 책은 여러분의 여정에 길잡이 역할을 할 것이라고 믿는다. 여러분이 향하고자 하는 목표에 도달할 수 있도록, 여러분이 필요로 하는 지식과 가이드라인, 그리고 격려의 말을 담으려고 한다. 지식은 나눠질 때 가장 큰 가치를 발휘한다는 말이 있다. 이 책을 통해 저의 지식과 경험을 여러분과 나눌 수 있게 되어 매우 기쁘다. 여러분이 필요한 정보와 지식을 얻고, 그를 바탕으로 프로그래밍의 세계에서 자신만의 길을 개척해 나가기를 바란다.

마지막으로, 여러분이 프로그래밍을 단순히 문제를 해결하는 도구가 아니라, 창의적인 표현의 수단으로 활용할 수 있기를 바란다. 여러분의 아이디어와 창의성이 그로 인해 다른 분들께 도움이 될 수 있기를 간절히 희망한다. 이 책이 여러분의 프로그래밍 여정에 도움이 되길 바라며, 프로그래밍의 세계에서 만날 우리의 흥미로운 미래를 기대한다.

mallard.oh@gmail.com

머리말

저자
이지영

또 하나의 점을 찍으며…

첫째 아이가 숫자를 읽게 되면서 종종 했던 놀이가 있었다. 종이에 여러 개의 점이 있는데 각 점마다 숫자가 있어서, 그 숫자를 읽으면 그림이 완성되는 '점 긋기' 놀이였다. 그것을 바라보며 나의 인생은 어떤 그림을 그리고 있는 중인지 궁금해졌다. 서른 살에 다시 통계학을 공부한다는 결정을 내리면서, 이제까지 찍어온 점과는 아주 멀리 떨어진 곳에 다시 점을 찍어야 한다고 생각했다. 문과 출신에서 이과로 전향하는 것은 쉬운 결정이 아니었기에, 불필요하게 전공을 바꾸는 것은 아닌지, 혹은 나중에 후회하지 않을까에 대한 걱정과 두려움이 있었다. 하지만 멀리 있는 점을 찍었고, 이렇게 두 번째 책을 마무리 짓는 순간도 마주하게 되었다.

'점 긋기' 놀이를 하다 보면 가끔 점과 점이 멀리 떨어져 있는 경우가 있다. 때로는 점을 연결하다가 삐뚤어지기도 하고 빗나가기도 하지만 거기에 점이 있어야, 그리고 점끼리 연결되어야 그림이 완성된다.

인생도 우리가 펼치는 수많은 순간의 연속이라 매 순간 점이 있다고 생각한다. 그 점들을 연결함으로써 우리는 '자신만의 멋진 인생으로 살아왔다'라고 말할 수 있지 않을까? 물론 점 긋기 놀이는 이미 어떤 그림일지 정해져 있지만 인생은 그렇지 않으니 내가 어떤 점을 찍어도 그걸로 충분히 가치가 있다고 생각한다. 이 책이 여러분의 새로운 점을 찍고 도달하는데 도움이 되길 바란다.

statnmath.datascience@gmail.com

머리말

저자
최원효

나의 직업은 개발자이다.

직업이라는 것은 돈을 받고 가치를 제공하는 프로들의 일이다. 올해로 20년차이지만 직업으로서의 개발자는 늘 쉽지가 않았다. 특히나 코로나로 인해 개발자라는 직업의 인기와 가치가 비정상적으로 엄청나게 올랐다가 코로나 시대의 종료와 함께 예상했듯이 경기 침체가 왔고, 모든 취업 시장이 어려워졌다. 동시에 개발자들의 취업 및 이직도 쉽지 않아졌다. 당연한 얘기지만, 세상에 '쉬운 돈벌이'라는 것은 없다. 개발도 마찬가지이다. '일주일 내내 회사가 아닌 해외에서 원격 재택근무를 하고, 쉽고 재미있게 일하는 멋진 디지털 노마드가 개발자다'라는 이상한 환상이 코로나 시기의 지난 몇 년간 퍼져 있었다. 그런 환상과 거품을 걷어내고 "개발자란 무엇인가", "나는 왜 이 직업을 선택하고 싶은가", "개발자는 어떤 삶을 살아가는가"에 대해 이 책을 통해 함께 얘기 나누고 싶다. 직업이라는 것은 본인에게 재미와 보람이 있어야 한다. 나의 평생을 결정짓는 직업 선택에 제 글이 도움이 되었으면 한다.

wono77@naver.com

인공지능 시대,
개발자로 살아남기 049

해외에서 데이터
사이언티스트로 살아가기 131

20년 개발자의 경험, 왜 개발자가 되고 싶나요? 203

ML 엔지니어가 된
디자인 전공자

Data
Scientist

윤
기
태

어릴적부터 유머 커뮤니티를 좋아해서 디지털 미디어 분야로 이끌렸던 디자인 전공자. 불행인지 다행인지는 모르겠지만, 데이터 사이언스 쪽으로 전향해서 지금은 추천 시스템 만드는 일을 하고 있다. 더 나은 큐레이션을 더 많은 사람들에게 제공하는 것을 미션으로 직업인의 뜻을 이어나가고 있다.

Data Scientist

1 ML 엔지니어를
선택하기까지

웹 서핑을 좋아했던 고등학생

누군가에게 ML 엔지니어Machine Learning Engineer 또는 데이터 사이언티스트Data Scientist라는 나의 직업을 이해하기 쉽게 설명하는 것은 꽤 어렵다. 특히 그 대상이 수학이나 IT에 익숙하지 않을 때는 더욱 그렇다. 그래서 '컴퓨터 들고 다니면서 코딩하고 데이터 분석하는 직업' 정도로 소개한다. 공학적 관점에서의 최적화, 통계적인 추정 방식, 로그 데이터를 활용한 프로파일링 같은 것들은 너무 생소하기 때문이다. 지금도 IT를 잘 모르는 지인 중 몇몇은 나를 컴퓨터 고치는 사람 정도로 알고 있으며, 심지어 배달 플랫폼에 소속된 배달원이라고 기억하는 사람도 있다. 하지만 대부분 '빅데이터!'라고 소리치며

반가워한다. 어쨌든 이렇게 나의 직업을 설명할 때마다 약간의 오해 상황을 겪게 된 지도 어느새 6년이 됐다. 가끔은 나 자신도 지금의 직업을 갖게 된 것이 신기할 때가 있다. 고등학교를 졸업할 때까지만 해도 내가 수학이나 알고리즘을 다루게 될 줄은 꿈에도 몰랐기 때문이다. 나는 수포자에 더 가까운 사람이었고, 대학교에서는 UXUser Experience 디자인과 그래픽 디자인을 공부했다.

그랬던 내가 어떻게 ML 엔지니어가 됐는지 이야기하기 전에 나의 직업관에 대해 먼저 이야기하고자 한다. 훌륭한 개발자 중에는 자신의 일을 취미활동하듯이 재미있게 즐기는 분들도 많다. 하지만 나는 그런 유형의 개발자는 아니다. 비전공자 출신의 천재 개발자도 아니고, 깃허브에 팔로워를 몇천 명 거느리고 있는 유명 개발자도 아니고, 지극히 평범하고 현실적인 직업관을 가진 개발자이다. 괴로운 몇 년간의 취업 과정을 거친 후, 현재는 적당한 보람과 재미를 추구하며 일하고 있다. 하지만, 주말에도 공부하거나 일하는 것은 썩 좋아하지 않는 평범한 직업인일 뿐이다.

그럼에도 불구하고 사람은 누구나 최선을 다해 일을 해야 한다고 생각한다. 일이라는 것이 누구에게는 자아실현이 될 수도 있고, 재미있는 놀이가 될 수도 있으며, 단순히 밥벌이를 위한 노동이 될 수도 있다. 나에게 일은 그 중간 어딘가에 위치해 있는 것 같다. 처음 이런 생각을 하게 된 것은 대학 진학이 코앞으로 다가왔던 고등학생 때였다. 당연하게도(?) 나는 밥벌이에 대해 한번도 진지하게 생각해 본 적이 없었고, 그렇다고 돈을 버는 재주가 있는 것도 아니었다(불행히도 그

건 지금도 마찬가지이다). 단지, 좋은 대학을 나와서 좋은 기업에 취직하고 돈을 모아 집을 사는 것이 가장 좋은 길이라는 것. 그것이 그동안 내가 받은 금융 교육의 전부였다. 그래서 그 길에서 크게 벗어나지 않으려고 했다. 그렇다면 문제는 어떤 일을 하면서 살지를 결정하는 것이었다. 그래서 한동안 내가 흥미 있는 것에 대해 생각해 봤고, 이 고민에 대한 답을 찾는 것은 그리 오래 걸리지 않았다. 어린 시절 나의 흥미는 오로지 컴퓨터와 관련된 것뿐이었기 때문이다.

윈도우 XP가 보급되던 시절부터 나는 UCC 동영상을 올리는 사이트에 가서 재미있는 패러디 영상들을 찾아봤고 네이버 붐, 네이트 판, 웃긴대학 같은 커뮤니티 사이트에서 눈팅을 하며 시간을 보냈다. 중학생 때에는 스타크래프트에 빠져서 프로게이머가 되는 꿈을 꾼 적도 있었다. 그렇게 의미 없이 많은 시간을 온라인상에서 보내고 난 후 고등학교를 졸업할 무렵이 돼서야 미래의 직업을 걱정하기 시작했다. '인테리어 디자이너가 돼 볼까?', '내 성적에 지원할 수 있는 학과는 어디지?', '그래도 인 서울은 해야 하지 않나?' 하는 생각들이 떠오르기 시작했다. 하지만 하루아침에 하고 싶은 일을 찾는다는 것은 무척이나 어려운 일이었다. 그때 처음으로 누군가가 답을 알려주지 않는 문제를 해결하려고 머리를 굴렸던 것 같다.

답답한 마음에 검색창을 열어 이것저것 검색해 봤다. 다른 사람들의 직업적 꿈은 무엇인지, 그 꿈을 이루기 위해 어떤 준비들을 했는지 궁금했다. 그러다 불현듯 이런 고민조차도 컴퓨터와 포털 사이트를 통해 해결하려고 하는 나를 발견하게 됐다. 이를 인지하게 된 후로는 포털 사이트를 만드는 사람들이 궁금해지기 시작했고, 자연스럽게 IT 서비스와 관련된 직업들에는 어떤 것들이 있는지 찾아보게 됐다. 그리고 이것이 앞으로 내가 해야 할 일이라는 확신을 갖게 됐다. 요즘에 와서 생각해 보면 일종의 덕업일치 같은 개념이었던 것 같다.

내가 디자인으로 먹고 살 수 있을까?

대학 입시에서는 재수라는 약간의 우여곡절이 있었지만, 결국 덕업일치를 이룰 수 있는 디지털 미디어학과에 무사히 진학했다. 이 학과에서 하고 싶었던 것은 포털 사이트와 IT 서비스에서 보이는 수많은 콘텐츠들을 재가공해서 사용자의 입맛에 맞게 큐레이션하는 것이었다. 당시만 해도 그런 일들에 대한 개념이 명확하지 않았지만, 때마침 UX 디자인User Experience Design이라는 용어가 유행하면서 사람들에게 본격적으로 알려지기 시작했다. 그래서 막연히 이 분야가 유망하다고 생각하고, 본격적으로 UX 디자인 공부를 시작하게 됐다.

학교에서는 프로그래밍이나 디자인 등 디지털 미디어가 포괄하고 있는 여러 심화 전공들 중 하나를 선택해서 이수할 수 있었다. 당시 나는 수학이나 알고리즘 같은 단어들과는 별로 친하지 않았으므로 디자인을 심화 전공으로 선택했다. 마치 달콤한 도넛과 딱딱한 바게트 중에서 하나를 고르는 것과 비슷했다. 하지만 간과했던 점은, UX

디자인이라는 것도 결국에는 디자인의 한 분야라는 것이었다. 미술 시간에 사람을 그릴 때 동그라미 1개와 직선 5개로 이뤄진 졸라맨을 그렸던 나에게 디자인은 사실 수학보다도 더 높은 벽이었을지도 모른다.

하지만 당시에 나는 그런 사실에 대해 크게 개의치 않았다. 일단, 대학교에 무사히 진학했기 때문에 어떻게 또 흘러가다 보면 무사히 어딘가에 도착해 있지 않을까 하는 막연한 낭만 같은 것도 갖고 있었다. 그래서 컴퓨터로 그림도 그려보고, 때가 되어 군대도 다녀오고, 인턴 생활로 경험도 쌓고, 공모전에도 참가했다. 그렇게 디자이너가 될 수 있는 포트폴리오를 나름대로 만들어 나갔다. 그러다 어느 날 문득, 대학 진학을 고민하던 고등학생 때 느꼈던 것과 유사한 감정을 느끼게 됐다. '내가 정말 디자인으로 먹고살 수 있을까?'

이런 의문을 품게 된 이유는 몇 가지가 있었지만, 아무래도 나의 적성에 대한 의심이 가장 컸던 것 같다. 디자인이라는 분야는 노력보다는 적성이 조금 더 우위에 있는 영역이고, 이미 나는 내가 디자인과 관련된 재능이 형편없다는 사실을 알고 있었다. 단지, 이런 현실을 인정하고 싶지 않았기 때문에 진로와 관련된 고민들을 무의식적으로 미뤄놓고 있었을 뿐이었다. 그나마 다행이었던 것은 마음 한켠에서는 이런 사실을 인지하고 있었는지, 마치 보험을 드는 것처럼 프로그래밍과 수학 관련 과목들을 야금야금 수강하고 있었다.

아이들에게 가르치려고 시작한 프로그래밍이 밥벌이가 되기까지

"하늘이 무너져도 솟아날 구멍은 있다." 이 말을 별로 좋아하는 편은 아니지만, 당시의 내 상황이 그랬던 것 같다. 미래에 대한 걱정이 점점 커져 가던 시기에 나의 적성을 깨닫게 되는 계기가 있었다. 졸업이 가까워오던 무렵, 동기 중 한 명이 아르바이트처럼 다니던 스타트업의 인턴 자리가 있었는데, 그 동기가 취업을 하게 되면서 내가 그 자리를 추천받게 됐다. 업무는 간단했다. 초등학생들에게 스크래치Scratch라는 퍼즐 프로그래밍을 가르치는 일이었다. 나는 아주 간단한 프로그래밍 정도는 할 줄 알았기 때문에 그건 별로 어려운 일이 아니었고, 마침 아르바이트 자리도 필요했기 때문에 이를 흔쾌히 수락했다. 처음에는 아이들을 가르치는 것이 재미있었다. 그래서 열심히 강의 준비를 했고, 강의를 많이 하면 수당도 따라서 올라갔기 때문에 점차 강의 개수도 늘려나갔다. 그러다 보니 자연스럽게 출근하는 날이 많아졌고, 나중에는 아르바이트가 아니라 정식 인턴을 하게 됐다.

그러던 어느 날, 평소에 나를 좋게 보시던 회사의 이사님이 웹 페이지 개발자가 필요한데, 프로그래밍을 배우면서 웹 개발 업무를 해보는 것이 어떻겠느냐는 제안을 하셨다. 나는 고민도 없이 그 자리에서 덥석 그 제안을 받아들였다. 우선 월급을 더 주기도 했지만, 이것이 내 진로를 바꿀 수 있는 좋은 계기가 될 수도 있겠다는 생각이 들었기 때문이었다. 그렇게 해서 맡은 업무가 파이썬의 장고Django라는 프레임워크를 사용해서 회사의 웹 페이지를 개발하는 일이었다. 그때까지 일러스트레이터나 포토샵 말고는 뭐 하나 진득하게 만져본 적 없었지만, 이상하게 파이썬으로 코딩하는 것은 그렇게 어렵지 않다는 느낌을 받았다. 물론, 프로그래밍 초짜였던 나는 인턴을 하는 동안 서버를 한두 번 날려 먹어서 밤새워 복구를 해보기도 하고, RDBRelational DataBase에 치명적인 오류를 생성시켜서 모든 데이터를 롤백시켜 본 경험도 있다. 하지만 그 과정이 하나도 괴롭지가 않았다. 디자인할 때 마우스로 선을 따고 채색을 하면서 느꼈던 그 지루함이 하나도 느껴지지 않았다. 내가 코드로 입력하는 것들이 웹 페이지의 기능으로 바로 구현되고, 그렇게 만든 웹 페이지를 사람들이 방문한다는 것이 너무나도 재미있었다. 이사님의 지속적인 칭찬 덕분인지는 몰라도 이 일을 직업으로 하면 밥 굶을 일은 없겠다 싶은 마음이 들었다.

그래서 프로그래밍으로 할 수 있는 여러 가지 일들을 생각해 보게 됐다. 자연스럽게 관심이 갔던 직무는 당시에 신조어처럼 생겨나던 데이터 사이언티스트Data Scientist였다. 그중에서도 기계학습 모델을 IT 서비스에 접목시키는 일을 하는 ML 엔지니어Machine Learning Engineer라는 직무는 내가 맨 처음 하고 싶었던 일인 '서비스를 사용자의 입맛에 맞게 큐레이션하는 것'과도 일맥상통할 것 같았고, 아직 많은 사람들이 진출해 있지 않다는 점도 매력적이었다. 그래서 데이터 사이언티스트 또는 ML 엔지니어가 되야겠다고 마음먹었다. 이번에는 정말로 내 적성에 맞는 진로를 찾은 느낌이 들었다.

진로 및 회사 선택의 기준

ML 엔지니어가 되겠다는 결정을 내린 후에는 딱 필요한 만큼만 더 배운 뒤에 바로 취업을 해야겠다고 생각했다. 이미 16년이나 공부한 마당에 지겨운 공부를 더 하고 싶은 마음이 없었기 때문이다. 그렇다고 이제 와서 창업에 관심을 가질 수도 없었다. 단지, 어떤 회사에서 어떻게 일을 할지만 생각하고 싶었다. 그래서 선택권이 많지 않을지라도 회사와 직무 선택만은 신중하게 결정한 후에 지원했다. 어디까지나 개인적 기준이기는 하지만, ML 엔지니어로 성장하기 좋은 조건들은 다음과 같다고 생각했다.

* 분석할 수 있는 큰 데이터를 가진 곳
* ML을 연구 목적이 아닌 비즈니스에 활용하는 또는 시도하려는 곳
* B2B보다는 B2C 기반의 서비스를 갖고 있는 곳
* 사무실 인테리어가 예쁜 곳(?)

요리사는 손에 길들여진 칼을 사용해야 하고, 축구선수는 발에 잘 맞는 축구화를 신어야 한다. 마찬가지로 데이터를 다루는 직업은 본인이 잘 다룰 수 있는 종류의 데이터를 다뤄야 한다고 생각한다.

내가 다루고 싶은 데이터는 IT 서비스를 사용하는 많은 사람들이 남겨 놓은 행동 데이터였고, 그 데이터를 분석해서 큐레이션 서비스의 만족도를 높이는 일을 하고 싶었다. 게다가 웬만한 사람보다 IT 서비스를 훨씬 더 많이 사용해 봤다고 자부할 수 있었기 때문에 이런 종류의 데이터를 잘 다룰 수 있다는 근거 없는 자신감도 갖고 있었다. 그래서 이런 기준들에 부합하는 회사들을 찾아봤고, 몇몇 IT 서비스 회사들과 이커머스 회사들이 눈에 들어왔다.

지금까지 현재의 직업적 진로를 걸어오게 된 과정과 기준들에 대해 설명했다. 어쩌면 개발자라는 직업은 알려져 있는 것보다 적성을 덜 타는 직업군일지도 모른다고 생각한다. 단순히 적성에 맞느냐 안 맞느냐보다는 어떻게 해서 이 분야에 관심을 갖게 됐는지가 더 중요하다고 느낀다. 그렇다고 해서 온라인 학원들의 광고 문구처럼 '올인원 개발자 교육과정'을 한 번 듣는 것만으로 쉽게 될 수 있는 것은 아니다. 그 과정에 대한 깊은 고민들이 수반되어야 하고, 아주 많은 시간을 들여서 반복적으로 그것들을 다져나가야 한다. 또한 논리적이고 지엽적인 성향의 문제 해결도 즐길 줄 알아야 한다. 보통 그런 성향을 가진 사람들이 재미를 느낄 수 있는 직업군이기 때문이다. 그리고 빠르게 등장하는 새로운 기술을 받아들이기 위해 개발자를 그만두는 순간까지 끊임없이 공부하고 머리를 괴롭혀야 한다. 개발자는 이런 일들이 자신의 성향과 잘 맞는다고 생각되는 사람들이 가져볼 만한 직업이다. 그래서 왜 자신이 이 진로를 희망하는지, 왜 이 진로와 잘 맞는다고 생각하는지 충분히 고민해 봤으면 좋겠다. 만약 그런 고민의 과정이 없다면 무분별한 크런치 모드와 야근, 거북목과 허리 디스크만이 우리를 기다릴 뿐이다.

2 　어떻게 공부해야 할까?

대학원 진학에 대한 조언

동종 업계에서 일하고 싶어 하는 후배들을 만났을 때 간혹 "왜 대학원에 진학하지 않았느냐?"는 질문을 받곤 한다. 그 질문에 대한 대답은 "내가 추구하는 직업적 진로에 대학원 진학이 꼭 필요할까?"라는 스스로의 질문에 대한 대답이 언제나 "노!"였기 때문이다. 이 대답은 자신의 분야를 얼마나 깊게 공부하고 싶은지에 대한 각자의 목표에 따라 다를 수 있다.

일반적인 범주에서 머신 러닝 또는 데이터 사이언스를 공부하고 싶다면 학부 수준의 지식으로는 모자란 경우가 많다. 실제로 이 분야에서는 대학원 수준의 수학 지식이 필요할 때도 있고, 도메인의 특정 주제를 연구해 보는 경험이 중요할 때도 있다. 이를 테면 퀀트 애널리스트Quantitative Analyst에 관심이 있다면 반드시 알아야 할 계량 경제학과 수학 이론들이 너무나도 많기 때문에 대학원 수준의 공부가

필수적이다. 또는 컴퓨터 비전Computer Vision 분야와 같이 특정 도메

직무명	설명	필요 역량
Data Scientist (데이터 사이언티스트)	통계적 분석 기법이나 기계학습 및 AI 기술을 활용해서 분석 및 모델링에 사용하는 직무(조직에 따라 ML Engineer와 크게 구분하지 않기도 한다.)	• 수리 통계 지식 • 프로그래밍 능력 • 도메인 문제 해결 능력
ML Engineer (ML 엔지니어)	기계학습 모델을 IT 서비스 등에 활용할 수 있도록 소프트웨어로 개발하는 직무(조직에 따라 Data Scientist와 크게 구분하지 않기도 한다.)	• 수리 통계 지식 • 백엔드(Back-end) 개발 역량
Data Engineer (데이터 엔지니어)	주로 로그 데이터와 같은 종류의 빅데이터를 처리하고 수집하는 일을 하는 엔지니어 직무. API 개발이나 데이터 서버를 직접 운영하는 DevOps 계열의 작업도 처리하는 일이 많음	• 분산 시스템 개발 역량 • 인프라 개발 역량 • 백엔드(Back-end) 개발 역량
Data Analyst (데이터 분석가)	주로 비즈니스에 유의미한 데이터 분석을 수행하는 분석가 직무. 직접적인 모델링이나 분석보다는 간접적인 모델링과 분석을 도메인에 기반해서 해석하는 비즈니스 업무를 위주로 함	• 수리 통계 지식 • 도메인 문제 해결 능력 • 리포트 작성 및 시각화 • 커뮤니케이션 역량
AI Researcher (AI 연구자)	새로운 AI 기술을 연구 및 개발하는 연구자로, 대학원이나 기업의 연구기관에서 논문을 쓰거나 AI 기술을 개발하는 직무	• 대학원 수준의 연구 경험 • 수리 통계 지식 • 프로그래밍 능력

표 1-1 | 직무별 역량

인 영역의 데이터 사이언스에 관심이 있다면 해당 주제를 연구하는 몇 년간의 경험이 필요할 것이다.

나의 경우에는 IT 서비스에 활용될 수 있는 머신 러닝 모델을 찾아서 '적용'하고, 실제 데이터를 분석해서 '활용'하는 정도의 잡 포지션Job Position을 희망했기 때문에 굳이 대학원에 진학하지 않았다.

이런 기술은 활용하는 주체마다 모두 다르겠지만, 분석이 좀 더 중요한 경우에는 데이터 사이언티스트Data Scientist, 엔지니어링이 좀 더 중요한 경우에는 ML 엔지니어Machine Learning Engineer라고 부른다. 조직의 규모가 클 때는 아예 그 둘을 분리하는 경우가 많다. 그리고 앞서 말한 연구 수준의 경험이 필요한 포지션의 경우에는 Research Scientist, AI Researcher 정도로 분류된다. 결국 자신이 '연구' 또는 그에 준하는 공부를 할 것인지, 아니면 '활용'할 것인지를 잘 생각하는 것이 대학원 진학을 결정하는 가장 중요한 요소라고 생각한다.

비슷한 직무로 표 1-1과 같이 데이터 분석가Data Analyst와 데이터 엔지니어Data Engineer도 있는데, 이 역시 상황에 따라 다르지만 일반적으로 대학원 수준의 공부가 필수적인 잡 포지션은 아니라고 생각한다.

따라서 자신이 희망하는 직무에서 해결해야 하는 문제가 연구 수준의 공부가 필요한 것이라면 대학원에 진학하고, 아니라면 굳이 진학할 필요가 없다는 것이다. 그러므로 이를 종합적으로 잘 생각해 보고 본인의 상황에 맞게 대학원 진학 여부를 결정하는 것이 좋다.

스스로 필요한 지식을 얻는 다양한 방법

그렇다면 스스로 필요한 지식은 어떻게 얻을 수 있을까? 컴퓨터
과학 분야는 정규적인 교육과정 외에도 필요한 지식을 비교적 쉽게
찾을 수 있다는 장점을 갖고 있다. 그것은 프로그래밍, AI 분야가 오
픈 소스Open Source 문화에 기반하고 있기 때문이다. 오픈 소스란 소
프트웨어 분야에서 가장 널리 쓰이는 용어인데, 소스 코드를 공개해
서 누구나 특별한 제약 없이 그 코드를 보고 사용할 수 있는 라이선
스 개념을 의미한다. 라이선스의 등급에 따라 약간의 제약이 있을 수
있고, 일부 소프트웨어는 유료 사용만 가능한 것들도 있지만, 대부분
의 소프트웨어는 그것을 대체할 수 있는 오픈 소스 커뮤니티를 갖고
있다. 컴퓨터공학이나 데이터 사이언스의 이론과 개념들은 결국에는
소프트웨어로 개발되야만 사용이 가능하기 때문에 이런 오픈 소스
생태계와 밀접한 관련이 있을 수밖에 없다. 우리는 이 좋은 문화를
잘 활용할 필요가 있다.

프로그래밍 레벨의 컴퓨터과학 분야는 머릿속에 분야에 대한 어
느 정도의 목차만 정리돼 있다면 필요한 대부분의 지식을 구글링을
통해 얻을 수 있다. 만약 그것도 귀찮다면 요즘에는 ChatGPT 같은
검색형 챗봇에게 물어봐도 된다(오히려 더 잘 찾을 확률이 높다). 이렇게 검
색 한 번이면 아마존이나 페이스북과 같은 거대 IT 기업에서 사용하
고 있는 알고리즘에 대한 논문과 소스 코드를 쉽게 찾을 수 있고, 챗

봇을 활용한다면 요약본까지 쉽게 읽어볼 수 있다. 검색으로 찾은 정보 중에는 분명히 자주 보이는 개념들이 있는데, 이런 개념들은 라이브러리로 손쉽게 사용 가능하도록 개발돼 있는 것이 일반적이다. 머신 러닝과 데이터 사이언스 분야 또한 마찬가지이다. 어떤 분석 방법이나 모델에 대한 약간의 배경지식이나 키워드 정도만이라도 알고 있다면 이에 대한 상세한 내용을 검색 한 번으로 찾을 수 있다. 이를 테면 머신 러닝 분야에서 전통적으로 사용되는 모델링 개념인 SVMSupport Vector Machine, 의사 결정 나무Decision Tree에 대한 자세한 이론적 설명과 구현 코드까지 찾아볼 수 있는 페이지만 수백 개가 존재할 것이다. 아니면 ChatGPT에게 "파이썬으로 된 SVM 코드 좀 짜줘."라고만 말해도 거의 완벽한 설명과 코드를 제공한다. 대부분의 자료가 아직까지는 영어로 구성돼 있다는 약간의 언어적 장벽이 존재하기는 하지만, 대학교 전공 지식 수준의 자료들을 검색 한 번으로 찾을 수 있다는 것은 분명 이 분야가 가진 큰 장점이다.

이런 문화 자체가 관련 분야에 뿌리 깊게 자리 잡고 있기 때문에 프로그래밍 레벨의 지식뿐만 아니라 이론이나 학문적 배경 등을 알 수 있는 전문적인 내용 또한 대부분 무료로 공개돼 있다. 코세라Coursera 같은 플랫폼에서는 딥 러닝, AI에 대한 대학교 전공 수준의 깊이 있는 내용을 무료로 열람할 수 있고, 스탠퍼드나 MIT 같은 대학교들은 실제 본교 컴퓨터공학과 학생들에게 가르치는 강의를 온라인에서 무료로 수강 가능하도록 배포하고 있다. 심지어 이런 페이지들은 자막까지 잘 달려 있다. 과장해서 표현하면 누구나 공부할 마음만 있다면 컴퓨터 앞에서 아이비리그 학생들이 하는 수준의 공부를 할 수 있다는 것이다. 만약 처음부터 이런 수준의 정보들을 찾기 부담스럽다면 유튜브에서 캐주얼한 영상들을 찾아보는 것도 도움이 된다. 아마 다양한 영상들이 있을 것이고, 짧은 영상 안에도 필요한 내용들이 잘 요약돼 있을 것이다.

좀 더 클래식한 방법은 책을 찾아보는 것이다. 단, 책을 통해 IT 분야의 지식을 얻으려고 한다면 두 가지 방법 중 하나를 선택하는 것이 좋다. 첫 번째는 전공서적과 같은 전문적인 책을 처음부터 끝까지 읽어보는 것이고, 두 번째는 "○○ 입문하기"와 같은 가벼운 책을 빠르게 읽어본 후 자주 등장하는 용어들과 목차를 머릿속에 집어넣는 것이다. 이 경우에는 체크해 둔 용어나 개념들을 나중에 더 깊게 공부해야 한다. 어느 쪽이든 자신의 스타일에 맞게 공부하면 되고, 개인적으로는 후자의 방식을 추천한다. 공부할 수 있는 개념들은 너무 많지만, 우리의 관심사와 시간은 한정적이기 때문이다.

한 가지 더 소개하자면 커뮤니티를 잘 활용하는 것이다. 페이스북 페이지, 네이버 카페, 카카오톡 오픈 채팅과 같은 커뮤니티를 잘 둘러보면 비슷한 분야의 종사자나 연구자들 또는 학생들이 이야기를 나누는 커뮤니티가 있을 것이다. 이 커뮤니티를 통해 다른 사람들은 어떻게 공부하고 자료를 찾아보는지, 최근 관심사나 동향은 어떤지를 엿볼 수 있다. 캐글Kaggle과 같은 플랫폼을 활용하는 것도 좋다. 캐글은 데이터 분석으로 해결할 수 있는 문제들이 업로드돼 있는 일종의 커뮤니티 플랫폼인데, 누구나 해당 문제에 대한 해결 과정 및 분석 코드를 공유할 수 있도록 오픈돼 있다. 다른 사람들의 문제 해결 과정을 보는 것은 아마도 데이터 분야를 공부하는 데 있어 가장 빠른 지름길이 될지도 모른다.

개인적인 독학의 경험

앞서 언급한 것처럼 나는 기초적인 컴퓨터공학의 지식 정도는 있었지만, 학부 수준에서 관련 전공과목 몇 개를 수강한 것이 전부였다. 그래서 필요한 것들을 채워나가는 독학 과정이 반드시 필요했다. 가장 먼저 해야 할 것은 데이터 사이언스라는 분야의 전반적인 목차를 파악하고, 내가 집중해서 공부할 것들이 무엇인지를 정하는 일이었다. 이를 위해 4학년 여름 방학에 학교에서 국비지원을 받아 무료로 참여할 수 있는 '빅데이터 전문 인력 양성 과정'에 참여했다. 이 코스를 마치면 당장 취업 가능한 전문 인력이 될 것이라는 기대를 했다기보다는 데이터 사이언스 분야를 공부하기 위해 어떤 것들을 알아야 하는지를 대략적으로 파악할 수 있을 것이라고 기대했다. 그리고 실제로 이 과정은 분석이나 알고리즘에 대한 깊이 있는 내용을 다루기보다는 프로그래밍과 기초 통계학, 라이브러리 사용법 등 가벼운 내용을 폭넓게 배우는 데 초점이 맞춰져 있었다. 2개월 정도 진행

된 이 교육과정을 마치고 난 후에야 비로소 이제 어떤 것들을 공부해야 하는지 정도의 감을 잡을 수 있었다.

그다음부터는 공부의 방향을 잡는 데 그다지 큰 어려움이 없었다. 배우고 싶은 도메인 분야가 비교적 명확했기 때문에 그 분야에 필요한 이론과 프레임워크를 위주로 천천히 배워 나갔다. 먼저 관심 있는 키워드를 검색해서 유명한 논문과 이론들을 찾아봤다. 그리고 그 이론에 필요한 수리 및 통계적 배경지식이 있다면 그것들의 꼬리를 무는 방식으로 지식을 확장시켜 나갔다. 어떤 지식은 책을 통해서만 얻을 수 있는 것도 있었고, 또 어떤 지식은 유튜브 검색만으로도 손쉽게 얻을 수 있는 것도 있었다. 해결 방법을 찾지 못해 벽에 부딪히게 되면 커뮤니티나 캐글에서 문제의 해결 방법을 찾았다. 나의 경우 IT 서비스 분야와 머신 러닝에 관심이 컸기 때문에 연관된 것들 중 가장 흥미가 있었던 '추천 시스템'이라는 개념으로 눈을 돌리게 됐다. 우선 추천 시스템에 대해 알아보기 위해 관련 논문을 읽어본 후 논문에서 언급하는 여러 가지 기술과 모델들을 자세히 찾아봤다. 제일 처음 읽어본 논문은 구글에서 발표한 'Deep Neural Networks for YouTube Recommendations(2016)'였다. 처음에는 기본적인 지식이 미천했기 때문에 한 문단을 읽는 데도 몇 시간씩 걸렸던 기억이 있다.

해당 기술을 공부하다 보면 반드시 알아야 하는 수학 이론이나 통계학적 지식이 등장했는데, 이런 것들을 추가적으로 공부했다. 단순히 필요한 내용을 찾아서 공부하는 데 그치지 않고, 블로그에 그 내용을 매일 정리해 나갔다. 공부한 것들은 모두 오픈 소스를 통해 얻은 지식들이기 때문에 나 역시 배운 것들을 공개적으로 정리해야 한다고 생각했다. 덤으로 얻은 효과는, 누군가에게 읽혀지는 글을 쓰기 위해 나 자신이 글의 내용을 더 꼼꼼하게 점검하며 쓰게 되기 때문에 학습 효과가 상승한다는 것이었다. 또한 나의 가치를 올려주는 셀프 브랜딩이 되기도 했다.

물론, 좀 더 정규적인 방법으로 이 분야를 공부하는 것이 좋지만, 나처럼 처음부터 정규적인 교육을 다시 받기에는 늦었거나 관심 분야를 좁혀서 밀도 있게 공부할 자신이 있는 경우에는 앞서 언급한 방법도 있다는 것을 참고하면 좋겠다.

3 ML 연구자와 개발자의 차이는 무엇일까?

수학자와 공학자가 리만 가설을 대하는 관점

"ML 엔지니어링 또는 데이터 사이언스"라는 주제는 연구 영역과 활용 영역으로 나눌 수 있다. 물론, 연구자가 개발자가 될 수도 있고 개발자가 연구자 역할을 하는 상황도 빈번하게 발생하기는 하지만, 기본적으로 이 둘은 분리해서 보는 것이 맞다고 생각한다. 그렇다면

ML 연구자와 개발자의 차이는 무엇일까? 이는 리만 가설을 대하는 수학자와 공학자 간의 관점의 차이로 비유할 수 있다.

리만 가설Riemann Hypothesis이란 독일의 수학자 베른하르트 리만 G. F. Bernhard Riemann이 세운 수학 가설로, 아직까지 완전히 증명되지 않은 수학적 난제로 유명하다. 대략적인 가설의 내용은 소수(1과 자기 자신 외의 약수를 갖지 않는 1보다 큰 자연수)의 분포를 나타낼 수 있는 함수가 있으며, 어떤 일관된 수학적 규칙에 따라 그 소수의 해가 존재한다는 것이다. 이 가설이 유명한 것은 수학적으로 엄청나게 중요한 의미를 가졌지만, 그 누구도 아직까지 완벽하게 증명해내지 못한 난제라는 것과 실제 자연법칙들이 리만 가설을 따르는 내용들이 많다는 것이 속속들이 밝혀지고 있기 때문이다. 또한 지금까지 발표된 수많은 수학이나 공학에 관련된 논문들이 리만 가설이 '참'임을 가정하고 있기 때문이다. 이를 테면 리만 가설은 원자력공학에 사용되는 수식, 암호를 만드는 데 사용되는 수식 등으로 활용되고 있다. 따라서 관련 공학자들은 이 가설이 참인지, 아닌지를 고민하는 것이 아니라 이 원리를 어떻게 활용해서 써먹을 수 있을지를 고민한다. 반면에 수학자들은 리만 가설 자체를 어떻게 하면 증명할 수 있을지를 고민한다. 수많은 수학자들이 이 하나의 가설을 증명하기 위해 수십 년을 바치고, 그것을 본인의 업으로 삼아서 살아가기도 한다.

물론, 머신 러닝 분야에서는 이 정도까지는 아니지만, 그래도 연구자와 개발자의 역할 구분은 분명히 존재한다. 머신 러닝과 AI에 관련된 새로운 기술들은 하루가 멀다고 논문으로 발표된다. 어찌 보면 그 연구 논문을 발표하는 연구자들은 리만 가설을 증명하려는 수학자들과 입장이 비슷하다. 더 효과적인 머신 러닝을 위해 새로운 모델 구조를 만들어 내고, 패러다임을 바꾸기 위한 연구들에 열정을 바친다. 그 결과로 우리가 흔히 알고 있는 머신 러닝 모델들이 등장하고 개발된 것이다. 캐나다의 연구실에 있는 학자들이 발표하는 딥 러닝 이론이 전 세계 AI 개발에 사용되고 있고, 구글의 연구진이 발표하는 논문들이 산업에서 사용하는 거의 대부분의 소프트웨어에 녹아들어 있다. 이렇듯 대학원이나 기업에 있는 연구자들의 목표는 새로운 모델과 이론이 더 낫다는 것을 '증명'하는 것이다.

반면에 산업에서 일하고 있는 ML 엔지니어 또는 데이터 사이언티스트는 이와 조금 다른 성격을 갖고 있다고 할 수 있다. 이들은 다른 연구자들이 발표한 논문과 이론의 내용을 이해하고, 이를 오픈 소스 기반의 소프트웨어로 개발해서 자신들이 종사하는 업계의 비즈니스를 위해 사용한다. 최근의 가장 대표적인 예는 단연 ChatGPT라고 할 수 있다. ChatGPT는 구글의 연구진이 발표한 언어 모델인 'Transformer'라는 기반 기술을 토대로 만든 어떤 질문에든 대답을 하는 초거대 언어 모델로, 전 세계 유저들을 끌어모으고 있다.

따라서 ML 엔지니어들이 만들어 내는 것들은 어떤 내용을 증명하기보다는 비즈니스에 기여하고 결과적으로 이윤을 창출하는 것이 목적이라고 할 수 있다. 단순히 숫자만 본다면 이 유형에 속하는 개발자들이 더 많다고 할 수 있다. 이는 연구자와 개발자 간의 문제를 보는 관점의 차이라는 측면에서 생각할 수도 있다. 만약 자신이 기술을 개발함으로써 그 지식이 널리 활용되기를 바라는 사람이라면 연구적인 문제를 풀고자 하는 사람인 것이고, 누군가가 연구한 지식을 응용해서 비즈니스나 세상의 문제를 해결하고자 하는 사람이라면 개발적인 성향을 띠는 사람인 것이다.

ML 엔지니어에게 필요한 역량

그렇다면 개발적인 성향을 띠는 사람, 즉 IT 서비스 분야의 문제를 해결하는 ML 엔지니어 또는 데이터 사이언티스트에게 필요한 역량은 무엇일까? 이들에게 가장 중요한 능력은 프로그래밍 능력과 데이터 분석 능력이다. 엔지니어가 풀어야 하는 문제는 정답이 있는 문제의 풀이를 증명하는 것이 아니라 실제 데이터에 기반한 '정답이 없는' 비즈니스의 문제를 풀어야 하는 경우가 많기 때문이다. 그래서 프로그래밍을 통해 데이터를 수집하고 처리하는 능력이 가장 기본이라고 할 수 있다. 그리고 이 데이터를 갖고 어떻게 문제를 해결해야 할지를 고민하는 것이 데이터 분석 능력이다. 흔히 모델링 단계에서 피처 엔지니어링Feature Engineering이라고 불리는 단계도 데이터 분석의 영역에 속한다고 볼 수 있는데, 이는 비즈니스가 갖고 있는 문제를 데이터를 통해 파악하고 이에 알맞은 머신 러닝 모델이나 통계적 분석 기법을 활용해야 하기 때문이다.

앞서 언급한 두 가지 능력이 '반드시' 능숙해야만 하는 필수적인 소양이라면, 반드시 능숙해야 할 필요까지는 없는 것들이 있다. 바로 수학, 통계학 등 '숫자'와 관련된 학문적 소양과 분산 처리나 병렬 처리와 같은 데이터 엔지니어링 능력이 그것이다. 이것들이 필수적이지 않은 이유는 이커머스의 검색 서비스에 종사하는 ML 엔지니어가 복잡한 수학 이론까지 이해할 필요가 없고, 퀀트 분야의 데이터 사이언티스트가 검색 엔진의 병렬 처리 프레임워크에 통달할 필요가 없기 때문이다. 하지만 이것들을 능숙하게 할 수 있다면 도메인이나 구체적인 포지션에 크게 구애받지 않고 더 자유롭게 직장을 옮겨다니거나 원하는 대로 일할 수 있는 엔지니어가 될 수 있다. 그래서 ML 엔지니어 또는 데이터 사이언티스트는 더 많이 공부하고 더 많은 도메인의 지식들을 알아야 한다.

개인적으로 가장 중요하다고 생각하는 능력은 개발자나 분석가의 '문제 정의' 역량이다. 대부분의 산업에서 사용되는 머신 러닝, AI는 결국 비즈니스의 문제를 파악해서 해결하는 도구에 불과하다. 데이터가 아무리 많고 아무리 좋은 알고리즘을 사용한다고 해도 어떤 문제를 풀지, 데이터가 어떤 특성을 갖고 있는지 파악되지 않은 상태에서는 좋은 결과를 내기 힘들다. 그래서 머신 러닝 모델을 잘 알고 프로그래밍이나 수학적인 능력이 뛰어난 사람보다는 오히려 문제 정의를 잘하고 간단한 방법을 쓰더라도 문제를 제대로 해결할 줄 아는 사람이 비즈니스 측면에서는 더 좋은 개발자라고 생각한다.

4 내가 미리 알았다면 좋았을 ML 엔지니어의 경험담

첫 직장의 경험

취준생이라면 한번쯤 회사라는 곳에 대한 로망을 가져본 적이 있을 것이다. 안내 직원들과 인사하며 큰 로비를 지나쳐 목에 걸린 사원증을 태깅하며 다 같이 엘리베이터를 타고 사무실로 올라가는 모습! 재택 근무가 보편화된 이제는 다소 올드(?)한 로망이라고 할 수 있지만, 취준생 시절의 나 또한 그런 로망을 갖고 있었다.

취업 시장이 지나치게 과열됐던 당시의 사회적인 상황도 그런 로망을 갖는 데 어느 정도 일조했다고 생각된다. 내가 처음으로 취업을 준비한 것은 2017년경이었다. 그때는 1980년대 후반에서 1990년대 초반에 태어난 세대가 경제 활동에 본격적으로 참여하는 시기였고, 취업 경쟁률이 해마다 역대 최고를 갱신하고 있었다. 하지만 한국에서 가장 인구가 많은 세대가 여전히 직장에서 중요한 직책을 맡고 있었기 때문에 채용 규모는 늘어나지 않는 상황이었다. 아마 이때를 전후로 대부분의 기업들이 공개 채용 제도를 축소하거나 아예 폐지하는 수순을 밟았던 것으로 기억한다. 그러나 '취업 전쟁'이라고 부를 만큼 살벌했던 이 시기에도 나는 비교적 수월하게 직장을 얻을 수 있었다. 졸업할 무렵, 면접을 본 대여섯 군데의 회사 중 네 군데의 회사에 합격했고, 최종적으로 커머스 서비스를 만드는 대기업 계열사를 선택했다. 다행히도 그 회사는 사원증을 태깅해서 로비를 지나쳐야 하는, 나의 아주 작은 로망을 실현할 수 있는 회사였다.

이렇게 어려운 시기를 잘 넘기고 무사히 취업을 하게 된 것은 실력이 좋아서가 아니라 시기적으로 운이 잘 맞았기 때문이다. 2016년, 알파고와 이세돌의 대국을 통해 사람들은 AI와 빅데이터의 힘을 알게 됐고, 이는 세계적인 경제 성장과 맞물려서 IT 산업군 전체를 대상으로 하는 큰 규모의 투자로 이어졌다. 모든 기업들이 4차 산업혁명 시대에 리딩 컴퍼니Leading Company가 되고자 했으며, 너나없이 AI를 다루는 부서들을 신설하기 시작했다. 이런 시기에 데이터 관련 직무로 취업을 희망했으니 당연히 일자리가 많을 수밖에 없었다. 그래서 뉴스에서 말하는 'N포 세대', '취업 전쟁' 같은 절망적인 용어들을 운 좋게도 피해간 것이라고 생각하며, 감사한 마음으로 직장 생활을 시작할 수 있었다.

첫 직장에서 맡게 된 일도 그런 사회적 분위기의 연장선에 있었다. 이커머스 데이터는 어떻게 생겼는지, 어떤 툴을 사용해서 어떤 결과물을 만들어 내야 하는지 미처 다 숙지하기도 전에 나를 비롯한 신입사원들에게 큰 과업이 내려왔다. 바로 'AI 초개인화 추천'이라는, 대기업의 낯 뜨거운 작명 센스를 엿볼 수 있는 미션이었다. 나를 채용한 임원들과 윗분들이 보시기에 우리 부서에 입사한 신입사원이 "바야흐로 4차 산업혁명 시대에 수백 대 일의 공개 채용 경쟁을 뚫고 들어온 빅데이터의 역군" 같은 이미지였나 보다. 그래서 입사한 첫 해부터 나의 일과는 개인화 추천에 대한 개발과 실험의 반복이었던 것 같다. 그래도 취업을 준비하면서 세웠던 나의 직장에 대한 기준과 '이런 일을 하지 않을까?'라고 상상했던 업무와 꽤나 일치했다. 애초에 나는 검색이나 추천과 같은 큐레이션 서비스를 개발하고 싶었고, 이를 위해 아주 열심히 취업을 준비했었기 때문에 'AI 초개인화 추천'이라는 촌스러운 이름의 업무를 하게 된 것이 너무나 좋았다.

소속된 팀의 업무 프로세스도 마음에 들었다. 매일 아침 정해진 시간에 모여 서로의 업무를 공유했고, 긍정적이든 부정적이든 발전적인 방향으로 피드백이 오고갔다. 그리고 프로덕트 오너Product Owner 직무의 동료와 함께 개인화 추천의 방향성에 대해 논의하고 서비스를 함께 기획했다. 기획이 다듬어진 후에는 간단한 툴 기반의 알고리즘이나 복잡한 머신 러닝 모델을 사용해서 추천 모델을 개발하고 성능을 높여 나가는 루틴을 반복했다. 그리고 개발이 완료되면 사업부에 발표하면서 모델의 장단점과 성능을 설명했다.

하지만 내가 생각했던 것들과의 괴리 또한 분명히 존재했다. 그 중에서 가장 크게 다가온 것은 의사 결정과 관련된 것이었다. 기업은 결국 비즈니스를 하기 위한 곳이고, 속된 말로 '아다리가 안 맞는 일'은 잘 시도하지 않는다. 기존에 잘 되던 비즈니스를 운영하는 기업의 입장에서 AI나 머신 러닝 같은 것들은 새로운 비즈니스를 확장할 수 있는 도구에 지나지 않았다. 그래서 생각보다 많은 일들이 경영진의 논리를 따르게 됐고, 투자와 효용의 관점에서 결정되는 것들이 많았다. 그러다 보니 자연스럽게 내 커리어에 도움이 되지 않는 것들이 많아졌다. 특정 영역의 서비스는 외주를 맡기기도 하고, 회사가 투자한 작은 스타트업과 의미 없는 협업을 하는 경우도 있었다. 업무는 회사의 비즈니스 방향성에 따라 톱다운식으로 내려오기 일쑤였다. 또한 오래된 회사이기 때문에 레거시Legacy 또한 존재했다. 단순히 기술적인 측면에서만 그런 것이 아니라 나와 다른 생각을 갖고 있는 구성원과 함께 일하는 것 또한 레거시의 일종이기 때문에 더욱 그러했다.

그럼에도 불구하고 나는 첫 직장에 대해 아주 좋은 기억을 갖고 있다. 그곳에서 있었던 좋은 일과 내 커리어에 도움이 됐던 일들만 기억하려고 하기 때문이다. 세상에 자신에게 완벽하게 맞는 직장은 없다고 생각한다. 첫 직장에서 만난 선배가 해준 말 중 아직까지도 기억에 남는 말이 있다.

"많은 사람들이 이직을 하지만, 이직을 하는 이유는 대부분 회사가 아닌 자신에게 있다. 자신의 상황이 만족스럽지 못하기 때문에 이직을 하는 거다".

흔히들 첫 직장이 정말 중요하다고 한다. 자의든 타의든 첫 직장에서 어떤 업무를 했는지에 따라 앞으로의 커리어에 아주 큰 영향을 미치기 때문이다. 그런 측면에서 나는 내가 원하는 커리어를 의도하는 방향으로 쌓게 된 셈이었고, 이 또한 운이 좋았다고 생각한다. 하지만 운과 상관없이 커리어라는 것은 결국 자신이 결정하는 것이기 때문에 우리는 직장 생활을 주도적으로 할 필요가 있고, 나는 직장 생활의 긍정적인 면을 바라보며 즐겁게 살기 위해 노력하는 중이다.

플랫폼 기업에서 얻은 또 하나의 교훈

2020년, 코로나를 전후로 세상이 많이 바뀌고 있다는 생각이 들었다. 사람들은 백화점에 가서 옷을 사기보다는 검색으로 쇼핑을 하게 됐고, 대형 마트에서 식료품을 사는 대신에 온라인 장보기 기능을 활용하기 시작했다. 스마트폰으로 메신저 말고는 특별히 사용하는 앱이 없으셨던 우리 부모님은 주식 어플을 설치해서 해외 기업에 투자를 하고 계셨다. 마치 세상의 어떤 변곡점에 있는 듯한 느낌을 받았다.

때마침 대기업 특유의 톱다운식 업무 문화에 지쳐 가던 나는 직업적인 변화가 필요하다고 느끼고 있었다. 새로운 흐름에 더 빨리 편승

하고 싶었다. IT 서비스는 우리 일상에 점점 더 중요해지고 있었고, 사용자들의 소비 패턴은 더 복잡해졌다. 그리고 기업들은 더 빠른 제품 개선과 피드백이 필요해졌다. 그래서 내 커리어를 한 단계 더 발전시키기 위해서는 보텀업 기반의 빠른 의사 결정을 할 수 있는 곳에서 일하는 것이 좋겠다고 생각해서 이직을 결심하게 됐다.

이직할 회사를 고르는 것은 크게 어렵지 않았다. 플랫폼 서비스를 만드는 곳에 가보고 싶었기 때문이다. 플랫폼 기업에 가고 싶은 이유는 두 가지였다. 첫 번째는 비즈니스 구조의 차이 때문이다. 오래된 비즈니스 구조인 대기업의 경우에는 서비스의 새로운 기능을 개발하는 데 있어 생각보다 많은 시간이 소요된다. 반면에 플랫폼 기업은 이제 새롭게 생겨난 서비스가 많기 때문에 새로운 기능을 추가하는 것이 어렵지 않고 비교적 개방적인 문화이다. 이런 환경이라면 내가 원하는 커리어를 쌓기에 좀 더 좋겠다는 생각이 들었다. 두 번째는 연봉이나 복지와 같은 처우 문제 때문이다. 다소 민망한 주제이긴 하지만, 직장을 다니는 월급쟁이라면 당연히 우선적으로 고려해야 할 문제라고 생각한다. 최근에 '네카라쿠배'라는 신조어가 생겨날 만큼 개발자들에게는 기존의 전통적인 대기업의 보상체계보다 더 만족할 만한 연봉이나 복지를 제공하는 회사들이 생겨났고, 이는 대부분 플랫폼 기업들이었다. 그래서 나도 IT 분야에서 재직하는 만큼 언제 또 올지 모르는 이런 호사를 누려보자는 것도 한몫했다.

그래서 이직하게 된 곳이 배달 플랫폼을 서비스하는 기업이었고, 그곳에서 사용자의 탐색discovery 경험을 개선할 수 있는 다양한 모델을 만드는 ML 엔지니어로 일하게 됐다. 이곳에서의 직장 생활 역시 크게 다르지는 않았지만, 이전보다는 더 개방적이고 애자일Agile한 업무 문화를 경험할 수 있었다. 그리고 내가 하는 일이 비즈니스에 직접적인 영향을 미칠 수 있다는 점이 마음에 들었다. 짧지 않은 시간 동안 이곳에서 일하면서 깨닫게 된 것은 사용자 탐색 경험이든, 머신 러닝이든 결국에는 돈이 되야만 한다는 것이다. 대기업에 있을 때는 몰랐던 것들이 보이기 시작했다. 안정적인 수입원이 있는 대기업 계열사의 경우에는 검색이나 추천 같은 사용자 경험에 활용되는 머신 러닝 기술이 바로 수익 창출에 도움이 되지 않아도 크게 상관이 없었다. 단지, 비즈니스의 포트폴리오 중 한 가지로 잘 기능하면 됐다. 하지만 큐레이션 기능이 매출과 직결되는 플랫폼 회사, 그중에서도 배달 서비스는 머신 러닝이 반드시 매출 증대에 기여해야만 했다.

해결해야 하는 문제가 좀 더 명확해지고, 직장에서의 목표 또한 명확해졌다. 내가 ML 엔지니어로서 해야 하는 일은 크게 두 가지였다. 하나는 플랫폼에 유입되는 로그 데이터, 즉 트래픽을 효율적인 아키텍처로 처리하는 것이었고, 다른 하나는 모델의 CTRClick Through Rate와 CVRConversion Rate를 높이는 것이었다. 전자는 더 빠르고 효율적인 모델 학습 및 서비스를 위해 필요한 것이다. 플랫폼 기업에서 더 효율적인 아키텍처는 클라우드 사용료의 절감과 업무 사이클 향상을 의미한다. 후자는 ML 엔지니어가 해결해야 하는 가장 기본적인 일이며, 서비스의 관점에서 매출액 증가를 의미하기 때문에 어쩌면 가장 중요한 일이기도 하다.

첫 번째 목표인 효율적인 아키텍처 구축을 위해 취했던 중요한 전략은 모델 학습이나 데이터 분석에 재사용 가능한 저장소, 즉 피처 스토어Feature Store를 구축하는 것이었다. 그리고 이를 위해 데이터 처리와 저장, 모델 학습을 따로 수행할 수 있는 연산 자원인 클라우드 서버도 따로 구축했다. 그 과정에서 대부분의 서비스 구조를 MSAMicroService Architecture 구조로 디자인했고, 이는 서비스 운영에 큰 도움이 됐다.

두 번째 목표인 모델의 CTR와 CVR를 높이는 일은 단순히 모델링의 영역은 아니었다. 우선 서비스의 기획자, 즉 프로덕트 오너Product Owner와 탐색 경험에 대한 것들을 논의하고, 무슨 전략을 토대로 클릭률과 구매율을 올릴 것인지를 결정해야 했다. 어떤 영역은 취향 기반의 다양한 개인화 추천이 목표가 될 수 있고, 어떤 기능은 검색의 정확도가 될 수 있고, 또 어떤 서비스는 현재 보고 있는 것과 연관된 추천이 필요할 수도 있다. 그래서 비즈니스에 필요한 모델을 선정하고, 그 모델이 풀어야 하는 목표 함수Objective Function를 잘 결정해야 한다. 그리고 난 후에야 우리가 일반적으로 알고 있는 머신 러닝이나 데이터 사이언스를 사용할 수 있게 된다.

대외적인 직업 활동 이야기

이제는 개인들이 자신의 삶과 일을 직접 디자인하는 셀프 브랜딩의 시대라고 할 수 있다. 블로그, SNS, 유튜브 등 플랫폼을 가리지 않고 너나없이 자신의 스토리를 올리고 생각을 공유하는 것이 일상이 됐다. 직업적인 관점에서도 마찬가지이다. 직장에서 얻은 업무 노하우를 블로그에 공개하거나 책으로 집필하는 사람들도 많아졌고, 이전에는 금기시되던 투잡을 허용하는 회사들도 많아졌다. 그래서 나 또한 직장 밖에서도 직업 생활을 할 수 있는 셀프 브랜딩에 꽤나 많은 시간을 들이고 있다.

처음부터 "셀프 브랜딩을 시작해야지."라고 시작한 것은 아니었다. 취준생 시절 처음 공부하는 개념들을 좀 더 잘 정리하고 이해하기 위해 시작한 블로그가 대외적인 직업 활동의 계기가 됐다. 당시 블로그에 반 년 정도 머신 러닝, 데이터 분석과 관련된 게시물들을 꾸준히 공부하면서 올렸었는데, 이때 방문자 수가 눈에 띄게 급증하는 것을 경험했었다. 그다지 대단한 내용도 아니고, 남들이 읽는 것에 대해 크게 신경 쓰지 않았던 조악한 게시물임에도 그랬었다. 하지만 블로그에 유입되는 사람들이 늘어나자 자연스럽게 게시물의 퀄리티를 신경 쓰게 됐고, 이내 게시물을 올리는 데 재미를 붙였다.

그리고 몇 개월 후 패스트캠퍼스라는 교육 업체에서 연락이 왔다.

블로그 글을 인상 깊게 읽었는데, 혹시 데이터 분석을 주제로 강의를 해보지 않겠느냐는 것이었다. 그 당시 나는 직장을 다니는 상황도 아니었고, 이 분야를 공부하게 된 지도 오래되지 않았기 때문에 굉장히 의아했었다. 처음에는 보이스피싱이 아닌가 하는 의심도 들었다. 하지만 몇 번의 미팅 후 나는 이 일에 도전해 보기로 결정했다. 어떤 확신이 들어서라기보다는 "못 먹어도 고!"의 마음가짐으로 내린 결정이었다. 이것을 잘 못한다고 해서 망하는 것도 아니고, 어떻게든 준비하면 또 한 걸음 성장하게 될 것이라는 기대감도 있었다. 다행히 강의는 성공적이었고, 모객도 제법 잘 돼서 여러 시즌 동안 계속해서 강의할 수 있었다. 단순히 강의를 하는 데 그치지 않고, 강의를 준비하면서 새롭게 알게 된 지식이나 잘못 알고 있었던 내용들을 블로그에 꾸준히 업데이트했다. 그러자 강의와 블로그 작성에 시너지 효과가 생겨 작업 속도도 빨라지고 퀄리티도 좋아지는 것을 느낄 수 있었다.

그다음부터는 대외 활동에 가속이 붙어 마치 스노볼 효과처럼 새로운 일들이 계속해서 생겨났다. 비슷하지만 다른 철학을 갖고 있는 여러 교육 업체에서 강의 요청이 꾸준히 들어왔고, 출판사로부터 집필 의뢰를 받기도 했다. 개발자의 셀프 브랜딩이라는 것은 생각보다 별것(?) 아니다. 자신이 관심 있는 주제를 어딘가에 노출시키고, 사람들이 그것을 보지 않더라도 상관없이 쭉 하면 된다. 내가 올린 게시물을 어딘가에 써먹지 못하더라도 그 자체만으로도 공부가 되고 성장이 될 것이다. 반드시 그 게시물이 전문적인 내용을 담고 있을 필요도 없다. 애초에 나는 전문가가 아니고, 그냥 내 생각과 경험을 정리해서 올릴 뿐이라고 생각하자.

ChatGPT가 쏘아올린 AI 시대, 나는 언제까지 일할 수 있을까?

아직까지는 ML 엔지니어라는 직업에 대해 큰 재미를 느끼고 있다. 내가 기여하는 서비스에 사용자 반응이 좋은 모델을 개발하고, 그 성능을 직접 눈으로 확인했을 때의 보람이 좋다. 나만의 일정한 루틴도 있다. 개인화 추천이나 검색 서비스 기획에 대해 함께 이야기할 동료와 적어도 주 1회 정도는 주기적으로 티타임을 갖고, 월 1회 정도는 새로운 머신 러닝 모델에 대한 트렌드 검색과 논문 서치도 하려고 한다. 가끔 심심할 때마다 온라인에서 알고리즘 코딩 문제도 풀어보고, 간혹 직업과 관련된 강의나 집필 의뢰가 들어오면 여전히 적극적으로 참여한다. 그래서 지금도 이렇게 글을 쓰는 것이 즐겁다.

하지만 최근에는 직업에 필요한 공부보다는 오히려 다른 분야에 대한 관심도를 높이기 위해 노력하고 있다. 이를 테면 재테크에 대한 공부나 주말에 하는 취미 생활 같은 것들이다. 언젠가는 지금의 직업이 아니라 다른 종류의 밥벌이를 해야 하기 때문이다. 물론, 현재 직업이 불만족스럽다거나 몇 년 안에 그만둘 생각을 하는 것은 아니다. 무언가에 재미와 보람을 느끼고 있는 지금, 오히려 그것을 그만하게 됐을 때를 대비하고 싶을 뿐이다.

개인적으로 사람은 누구나 일을 해야 한다고 생각한다. 나는 가능한 한 그것을 계속해서 영위하고 싶다. 만약 인간이 100세까지 산다고 가정해 보자. 그러면 그중에서 제대로 된 사회 활동을 할 수 있는 나이는 10세부터 90세까지 80년 정도이다. 태어나서부터 첫 10년, 생을 마감하기 전까지의 마지막 10년은 필연적으로 누군가의 도움에 의존하게 된다. 그렇다고 해서 그 외의 80년은 누군가에게 도움을 받지 않고도 살아갈 수 있는 삶이냐고 묻는다면 그 또한 아니다. 내가 먹는 쌀 한 톨도 누군가의 노동으로 수확된 것이고, 내가 보고 느끼는 모든 것들 또한 누군가가 일을 하기 때문에 누릴 수 있는 가치라고 생각한다. 그래서 적어도 내 생애에서 일할 수 있는 기간 만큼은 열심히 일하겠노라 다짐했다. 단순히 환원의 개념뿐만 아니라 일하면서 얻는 보람과 내가 이 세상에 살아 있다는 사유(思惟)감을 느끼기 때문이다. 이것들은 무엇과도 바꿀 수 없다.

또 한 가지, 지금 일을 그만둘 때 생각하게 되는 지극히 현실적인 이유도 있다. 그것은 개발자 또는 ML 엔지니어라는 직업에 대해 갖는 근원적인 불안감에 기인한다. 기술의 발전 속도는 점점 더 빨라지고 있고, 일부 분야에서는 벌써 AI가 코딩을 하는 시대가 됐다. Copilot이라는 자동 코드 완성 인공지능을 사용하면 개발자들이 10시간 걸려서 작성할 코드를 1시간으로 단축시킬 수 있고, ChatGPT와 같은 생성형 인공지능 모델을 활용하면 기존의 개발자들이 오랜 시간을 들여서 개발하던 챗봇 시스템을 거의 완벽하게 대체할 수 있다. 이런 것들은 아주 단편적인 예일 뿐이다.

　그래서 아주 빠른 시일 내에 지금 개발자들이 개발하고 있는 몇몇의 중요한 기능들은 자동화되고 솔루션 형태로 대체될 확률이 높다. 만약 그때가 온다면 잘 개발된 솔루션과 경쟁하는 나에게 무슨 이점이 있을까? 지금 생각하기에는 없다. 기업 입장에서는 연봉을 몇 억씩 주면서 개발자 수십 명을 고용하는 것보다 저렴하고 성능 좋은 솔루션을 하나 사용하는 것이 훨씬 경제적이다. ChatGPT가 쏘아올린 AI 경쟁과 이 과정에서 생겨난 많은 서비스들은 이미 상용화 단계에 접어들었고, 개발자를 대체할 수 있는 솔루션들이 쏟아지고 있다. 물론, 이런 상황에서도 인공지능을 제어하는 역할을 하는 프롬프트 엔지니어링Prompt Engineering 기술을 이미 자신의 것으로 만들어 잘 활용하는 개발자들도 있고, 솔루션 자체를 개발하면서 오히려 더 높은 연봉을 받는 개발자들도 있을 것이다.

　너무 비관적인 견해로 보일 수도 있겠지만, 만약 내가 끊임없이 새로운 트렌드를 잘 따라가고 그 와중에 어떻게든 커리어를 발전시키고 열심히 한다고 해도 내가 이 일을 60세, 70세가 넘어서까지 할 수 있을 것이라고는 생각하지 않는다. 이는 아마도 모든 직장인들과 개발자들이 갖고 있는 본질적인 고민일 것이다. 이런 변화 속에서 이제 우리는 일하는 방법을 조금 달리해야 한다고 생각한다. 우선 시대의 흐름을 잘 따라가면서 내가 필요한 존재가 될 수 있는 기술을 끊임없이 공부하면서 확보해야 한다. 동시에 셀프 브랜딩이나 다른 계획을 놓아서도 안 된다. 그렇게 언젠가 내가 이 일을 더 이상 할 수 없을 때가 되는 날을 준비하는 것이 이 시대를 살아가는 개발자들과 모든 직장인들이 해야 할 궁극적인 목표가 아닐까?

어쨌든 나는 주어진 시간 동안에는 계속해서 일할 것이고, 앞으로 더 성장하고 싶다. 성장이라는 단어를 단순하게 생각해 보면 직장인에게는 일을 더 잘하게 된다는 것을 의미한다. 그리고 그것은 회사에 돈을 더 잘 벌어다 줄 수 있는 역할을 한다는 것이다. 하지만 나는 단순히 그런 측면에서의 성장보다는 다른 사람에게 좋은 영향을 줄 수 있는 사람이 되고 싶다. 내가 하는 일 때문에 누군가의 생각이 조금이라도 더 영감을 받았으면 좋겠고, 누군가의 삶이 조금이라도 더 나아졌으면 좋겠다. 그러기 위해 언제나 지금 할 수 있는 일을 즐기며, 최선을 다해 볼 참이다.

인공지능 시대,
개발자로 살아남기

Data
Scientist

오현석

KAIST 머신 러닝 연구실에서 학위를 받고, 현재 현대자동차의 자율주행 소프트웨어 분야에서 경력을 쌓고 있다. 저자는 딥 러닝 기술에 대한 열정을 갖고 있으며, 이를 통해 사회에 긍정적인 영향을 끼치고자 한다. 앞으로 자유주행 기술의 발전과 딥 러닝 기술의 활용을 통해 미래 사회의 혁신을 이끌어 나가는 데 헌신할 계획이다.

Data Scientist

1   왜 개발자가 됐나?

내가 알파고라는 별명을 갖게 된 이유

"2Balls, 1Strike!"

회사 연수원에서 입사 교육을 받던 시절, 동기들과 쉬는 시간에 무료함을 달래기 위해 '야구 게임'이라는 숫자 추측 게임을 하곤 했다. 4자리 숫자(5자리 숫자 이상도 가능)를 서로 가정하고, 각자 임의의 4자리 숫자를 제시하면 상대방은 숫자의 위치와 존재 유무에 따라서 Strike와 Ball을 구분해서 상대방에게 정보를 준다. 만약 숫자와 위치 가 모두 일치하는 숫자들이 2개 존재하면 2Strikes, 숫자는 존재하나 위치가 다른 숫자들이 2개 존재하면 2Balls라고 알려준다. 상대방은 이런 제한적인 정보를 여러 번에 걸쳐 모아서 종합된 정보로 상대방의 4자리 숫자를 추측하는 게임이다.

하루는 이 게임을 정말 잘하는 동기에게 완패를 했다. 기숙사로 돌아와서 분함을 뒤로하고, 이 게임에서 이길 수 있는 방법을 골똘히 고민했다. 정답은 분명 4자리의 중복되지 않은 수이므로 $10 \times 9 \times 8 \times 7 = 5,040$인 경우의 수가 존재하고, 이들 중 힌트에 부합되지 않는 경우들을 모두 제거하면 유리할 것이다. 이를 테면 상대방의 숫자가 1234인데, 내가 상대방에게 3456을 물어봤다면 상대방은 3과 4 두 숫자는 존재하지만, 위치가 모두 다르므로 2Balls라는 힌트를 줄 것이다. 이때는 5,040가지의 4자리 수 조합에서 1234라는 숫자와 위치가 동일한 숫자가 있는 경우는 모두 제거하고(Strike가 없으므로), 1234 중 2개의 숫자가 존재하지 않는 경우들도 모두 제거한다(2Balls이므로). 그런 다음 힌트를 얻을 때마다 이런 과정을 반복한다. 그러면 모든 불가능한 경우의 수들이 빠르게 제거되면서 최종적으로 상대방의 수가 남게 된다.

이 아이디어를 떠올리고는 바로 노트북을 켜서 코드를 작성했다. 위의 과정을 동일하게 수행하는 반복문과 조건문들을 작성했고, 입력으로 매 라운드마다 내가 제시하는 숫자와 그 숫자에 대한 상대방의 힌트를 입력하도록 했다. 내가 숫자를 제시할 때는 가능한 후보군 중에서 랜덤하게 하나를 뽑도록 했다. 그렇게 직접 작성한 프로그램으로 동기들과 게임에 임했고(물론, 상대방의 동의를 구했다.) 연전연승 끝에 '알파고'란 별명을 얻을 수 있었다. 마치 바둑 대결에서 '알파고'가

바둑 천재인 '이세돌'을 이겼듯이 가장 야구 게임을 잘하는 동기를
프로그램이 이겼기 때문이다.

자율주행 소프트웨어 개발을 선택한 이유

이렇게 실생활에서 문제를 발견하고 해결 방법을 고민해서 알고
리즘으로 정의해 풀어내는 능력은, 대학원에서 기존에 잘 알려진 논
문의 알고리즘에서 오류를 찾아 수학적으로 오류를 증명하고, 더 좋
은 알고리즘을 제시하는 훈련을 통해 발전시킨 것이다. 여러 논문들
을 읽고, 아직 풀리지 않은 문제를 명확하게 정의하고, 잘 정의된 문
제를 풀기 위해 가정들을 적절히 세워 문제를 풀어내는 과정을 통해
문제 정의와 해결 방법의 구체화를 익힐 수 있었다. 그리고 이런 재
능을 활용하는 데 적합한 분야를 고민했다. 그중 눈에 들어온 분야가
자율주행 소프트웨어 개발이었다. 자율주행 소프트웨어 개발은 정
답이 정해지지 않은 문제들을 창의적인 아이디어를 발휘해서 해결
해야 하는 분야이기 때문이다. 도전적인 정신으로 다양한 알고리즘
을 구현하면서 재능을 발휘할 수 있겠다는 믿음이 있었고, 그 믿음에
부합할 수 있도록 현재는 국내 대기업에서 자율주행 소프트웨어 개
발자로 근무 중이다. 자율주행 차량이 어떻게 주변을 인지하고, 어떤
전략으로 주행할지를 결정하기까지 수많은 알고리즘들이 협력해서
동작해야 한다. 필자는 현재 이곳에서 이런 알고리즘들을 설계 및 구
현하는 일을 하고 있다. 특허도 다수 출원하고, 다양한 자율주행 개

발 문제들도 해결하면서 이 일이 적성에 맞는다는 생각을 한다. 그리고 이렇게 푼 문제들이 사람들의 실생활에 이로운 영향을 줄 수 있다는 것은 매우 매력적이다. "의사는 한 사람의 생명을 살리지만, 엔지니어는 수천만의 생명을 살릴 수도 있다."는 말과 같이 우리가 개발하는 코드 한 줄이, 아이디어 하나가 세상을 바꾸는 한 걸음이 될 수 있다는 것은 정말 가슴 벅찬 일이다.

개발의 매력: "개발은 해방이다"

코로나 시기에 사람들의 야외 활동이 줄고, IT 수요가 증가하면서 IT 붐이 일어나 개발자에 대한 수요가 증가했다. 그래서 혹자는 개발자들이 많은 인기를 얻은 것이 단지 운이 따랐을 뿐이라고 간주하기도 한다. 그러나 개발이라는 것은 세상의 다양한 문제들을 잘 정의해서 풀어낼 수 있는 효과적인 도구이다. 이런 효과적인 도구를 다루는 사람들은 할 수 있는 일이 무궁무진하다. 세상의 많은 문제들을 창의적이고 자유롭게 해결할 수 있는 직업이 인기가 많아지는 것은 어찌 보면 당연한 일이 아닐까.

주변을 보면 개발자들은 공통적으로 '해방감'을 느끼는 것 같다. 이는 어려운 문제가 있으면 시뮬레이션도 해보고 다양한 전략을 테스트해 보기도 하면서 최적의 솔루션을 찾는 과정을 통해 '어떤 문제가 주어져도 시간만 충분하면 결국 풀어낼 수 있다!'라는 강한 자신감으로부터 나오는 자유로움이 아닐까 싶다. 세상의 여러 문제들로부터 오는 난관에 제약받지 않는 '해방감'인 것이다.

2 좋은 개발자가 되기 위해 가장 중요한 공부는?

개발자의 자질 테스트해 보기:
다양한 문제를 논리적, 창의적으로 풀어보기

좋은 개발자가 되기 위해서는 정말 다양한 자질들이 필요하다. 그러나 우리의 시간은 한정돼 있다. 어떤 자질을 우선적으로 익혀야 할지 막막한 분들에게 다음 문제를 통해 중요한 자질을 스스로 깨달을 수 있도록 하고자 한다. 이제 여러분이 막대를 공급하는 막대 공장의 사장님이라고 가정해 보겠다.

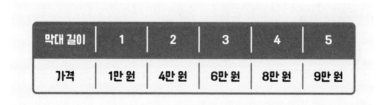

막대 길이	1	2	3	4	5
가격	1만 원	4만 원	6만 원	8만 원	9만 원

그림 2-1 | 막대 자르기 문제를 위한 막대 가격

막대 길이에 따라 수요가 각기 달라 그림 2-1과 같이 가격이 형성됐다고 가정하겠다. 그리고 원 재료의 막대 길이는 5라고 가정하겠다.

그림 2-2 | 길이 5일 때의 가격

만약 막대를 그대로 공급하면 여러분이 얻을 수 있는 금액은 그림 2-2와 같이 9이다. 그런데 막대를 여러 조각으로 자르면 여러 개의 막대들을 팔 수 있다. 막대 길이에 따른 가격이 정비례하지 않으므로 잘만 자르면 더 많은 이익을 얻을 수도 있다. 만약 다양한 길이로 길이 5의 막대들을 자르면 어떻게 될지 일부 예시를 살펴보겠다.

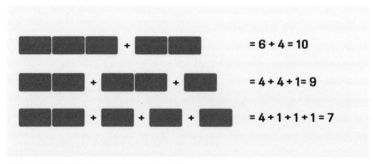

그림 2-3 | 다양한 길이로 잘랐을 때의 막대 가격 합

그림 2-3의 첫 번째 경우는 막대를 길이 3과 길이 2로 각각 나눠 파는 경우이다. 길이 3의 막대 가격이 6이고, 길이 2의 막대 가격이

4이므로 길이 3과 2로 잘라 판매할 경우 총 10의 이익을 얻는다. 다른 두 경우들도 함께 그려 넣었는데, 놀랍게도 막대를 그냥 팔거나 길이 2의 막대 2개와 길이 1의 막대 1개로 파는 것보다 길이 3과 길이 2의 막대 2개로 잘라 파는 것이 더 많은 이익이 생기는 것을 볼 수 있다. 그런데 우리는 겨우 4가지 경우만 조사했다. 전부 조사하기에는 헷갈리기도 하고, 시간도 많이 걸린다. 만약 공장이 규모가 더 커져서 막대 길이가 최대 10,000이고, 1~10,000까지의 각 길이마다 가격이 그림 2-3과 같이 다양하다면 몇 개로 잘라서 팔아야 이득이 될까? 이를 효율적으로 풀 수 있는 방법이 있을까?

실생활에서는 이보다 훨씬 복잡한 최적화 문제를 풀어야 할 때도 있다. 개발자는 이런 분야에서도 힘을 발휘한다. 실생활의 다양한 문제들을 논리적이고 창의적으로 풀어낼 수 있다.

수학적 마인드와 알고리즘

앞의 문제를 풀기 위해서는 수학적 마인드와 알고리즘에 대한 이해가 필요하다. 특히 앞의 문제는 동적 계획법Dynamic Programming이라는, 프로그래밍에서는 매우 유명한 문제 중 하나로, 이 문제를 풀면서 창의적인 접근법을 익힐 수 있다.

다시 길이 5의 문제로 돌아가 문제를 풀기 위해서는 문제를 더 작은 문제로 쪼개는 것이 중요하다. 길이 5의 막대를 자르는 경우의 최대 이익은 다음 값들 중 최댓값과 같다.

1 | 길이 5를 자르지 않고 그대로 판 금액 = 9만 원

2 | 길이 4의 막대를 자르는 최댓값에 길이 1의 막대의 값을 더하는 경우

3 | 길이 3의 막대를 자르는 최댓값에 길이 2의 막대의 값을 더하는 경우

4 | 길이 2의 막대를 자르는 최댓값에 길이 3의 막대의 값을 더하는 경우 =

    1 + 8 = 9만 원

5 | 길이 1의 막대의 값에 길이 4의 막대의 값을 더하는 경우

→ 길이 5의 막대를 자르는 최댓값 = 1~5 중 가장 큰 값

즉, 막대를 더 작은 길이로 자르는 최댓값을 구하고, 여기에 나머지 막대의 값을 더하는 경우를 각각 구해 경우들을 비교하는 것이다. 이를 위해서는 길이 4까지의 막대를 자르는 최댓값들을 모두 구해야 한다. 그런데 왜 이것이 효율적일까? 만약 우리가 길이 6의 막대를 자르는 경우 최대 이익을 구하기 위해 어떻게 해야 하는지를 알아보면 알 수 있다. 이때의 최대 이익은 다음 값들 중 최댓값과 같다.

1 | 길이 6를 자르지 않고 그대로 판 금액

2 | 길이 5의 막대를 자르는 최댓값에 길이 1의 막대의 값을 더하는 경우

3 | 길이 4의 막대를 자르는 최댓값에 길이 2의 막대의 값을 더하는 경우

4 | 길이 3의 막대를 자르는 최댓값에 길이 3의 막대의 값을 더하는 경우

5 | 길이 2의 막대를 자르는 최댓값에 길이 4의 막대의 값을 더하는 경우

6 | 길이 1의 막대의 값에 길이 5의 막대의 값을 더하는 경우

→ 길이 6의 막대를 자르는 최댓값 = 1~6 중 가장 큰 값

놀랍게도 길이 6의 막대를 자르는 최댓값을 구할 때 이미 기존에 구해 둔 길이 2~5의 막대를 자르는 최댓값들을 그대로 활용할 수 있다. 이렇게 순차적으로 작은 길이의 문제를 풀고, 이미 푼 정답을 활용해서 더 어려운 문제를 풀게 되면 길이가 계속 늘어나도 자신감 있게 문제를 풀 수 있다. 여기에 수학적 마인드를 갖추게 되면 앞의 복잡한 알고리즘을 다음과 같이 간단한 점화식으로 나타낼 수 있다.

$$S_n = \max_{1 \leq n \leq i}(P_i + S_{n-i})$$

여기서 S_n은 길이 n인 막대를 자르는 최댓값이고, P_i는 길이 i의 막대 가격이다.

막대 공장의 개발자가 이와 같은 동적 프로그래밍을 사용하지 않는다면 막대를 자르는 경우들을 모두 조사해서 최종 금액을 비교하는 과정을 수없이 수행해야 한다. 막대의 수가 30개라고 가정하고 필자의 PC에서 시간을 비교해 보니 재귀적 방법은 약 40초, 동적 프로그래밍을 사용한 방법은 0.001초가 걸린다. 4,000배 이상 차이가 나는 것을 볼 수 있다. 그런데 막대의 길이가 10,000이나 된다면 어떨까? 아마 첫 번째 방법으로는 시간이 너무 많이 걸려 중간에 포기할 수도 있을 것이다.

알고리즘에는 공간 복잡도와 시간 복잡도가 있다. 공간 복잡도는 원하는 문제를 푸는 데 알고리즘이 사용하게 되는 메모리의 양을 의미하고, 시간 복잡도는 해당 알고리즘이 문제를 푸는 데 소요되는 시간을 의미한다. 이때 문제의 크기가 커짐에 따라 메모리와 시간이 얼마나 커지는지를 가늠할 수 있도록 해준다. 그러므로 이런 알고리즘에 대한 이해와 수학적 마인드 없이는 임의의 막대의 길이가 주어질 때 효율적인 알고리즘을 떠올릴 수 없을 뿐만 아니라 얼마나 많은 메모리와 시간이 소요되는지 상상할 수도 없을 것이다. 따라서 개발자에게는 알고리즘에 대한 이해와 수학적 마인드가 매우 중요하다. 특히 머신 러닝, 딥 러닝 분야를 공부하고자 한다면 수학적 마인드는 더더욱 중요하다. 인공지능의 학습은 단순화하면 모델 파라미터 최적화를 위한 수학 기법들의 향연이기 때문이다. 단순히 프레임워크들과 라이브러리들을 사용해서 문제를 푸는 사람들은 많지만, 프레임워크들과 라이브러리들이 어떤 원리로 동작하고, 그 이면에 숨은 내용들을 꿰뚫어 보기 위해서는 수학적 마인드가 필수적이다.

고민하는 습관

아무런 계획 없이 다짜고짜 코드부터 짜는 사람과 어떤 알고리즘을 사용해서 문제를 푸는 것이 효율적일지를 고민하는 사람은 딱 3년 만 지나면 성장 결과가 크게 차이 난다. 비단, 알고리즘에 대한 이해와 수학적 마인드만 중요한 것이 아니다. 전체적인 프로그램의 아키텍처, 디버깅을 고려한 프로그래밍 등 공부할수록 더 많은 고려 사항들이 생긴다. 그러나 이런 테크닉들을 관통하는 것은 '고민'이다. 좋은 프로그램을 만들기 위해 한 번 더 고민하는 습관이 좋은 개발자가 되기 위한 가장 기본적인 습관이 아닐까 생각한다.

3 어떤 프로그래밍 언어를 먼저 배워야 하나요?

고수준 프로그래밍 언어와 저수준 프로그래밍 언어

필자가 개발을 하고 있다는 이야기를 하면 가장 많이 하는 질문이 바로 "어떤 프로그래밍 언어를 먼저 배워야 하나요?"이다. 프로그래밍 언어는 정말 다양하다. 어셈블리어, C, C++부터 파이썬, 자바 등 요즘은 언어가 너무 많아 개발자들을 혼란하게 하려고 그런가 싶을 정도이다.

개발 언어에는 고수준 프로그래밍 언어와 저수준 프로그래밍 언어가 있다. 이는 더 좋은 언어와 안 좋은 언어라는 의미가 아니다. 사람이 이해하기는 어렵지만, 컴퓨터가 이해하기는 좀 더 쉬운 언어가 저수준 프로그래밍 언어에 속한다. 이를 테면 어셈블리어, C, C++이다. 반면에 사람이 이해하기는 수월하지만, 컴퓨터가 이해하기는 좀 더 어려운 언어가 고수준 프로그래밍 언어이다. 저수준 프로그래밍 언어는 기계어에 더 가깝기 때문에 프로그래밍 과정은 매우 어렵지만, 최적화해서 더 빠른 프로그램을 만드는 데는 고수준 프로그래밍 언어보다 유리하다. 고수준 프로그래밍 언어는 추상화 정도가 높아 이해하기 수월하고, 코드 구현에 소요되는 시간이 비교적 더 짧다. 과연 어떤 언어가 좋다고 할 수 있을까?

정답은 없다. 어떤 프로그램의 요구 사항에서 '매우 저사양 칩셋에서 빠르게 동작하는 프로그램'이 주어진다면 가볍고 빠르게 돌아가는 프로그램을 만들기 유리한 저수준 프로그래밍 언어를 쓰는 것이 비교적 좋을 수 있다. 반면에 '짧은 시간 내에 고사양 PC에서 동작하는 프로그램'을 만든다면 시간을 고려해서 고수준 프로그래밍 언어를 사용하는 것이 유리한 경우도 있다.

예시: 자바 언어와 C 언어

자바 언어에는 가비지 컬렉션Garbage Collection이라는 기능이 있다. 이는 프로그램 구현 시 메모리의 할당 후 메모리 해제를 자동으로 해주는 기능이다. 우리가 프로그램을 만들다 보면 메모리를 사용하고 나서 사용된 메모리를 다시 해제해야 다음 번 작업에서 해당 메모리를 활용할 수 있다. 하지만 C 언어에는 이런 기능이 없다. 메모리의 할당과 해제를 프로그래머가 직접 수행해야 한다. 그래서 때로는 메모리의 할당 후 해제하는 코드를 구현하지 않아 메모리 누수가 일어나기도 한다. 그렇다면 가비지 컬렉션Garbage Collection을 제공해 주는 자바 언어가 C 언어보다 더 좋은 언어라고 결론 지을 수 있을까? 그렇지 않다.

C 언어에서는 메모리에 대한 접근 권한을 자유롭게 프로그래머에게 줌으로써 더 자유롭게 프로그래밍할 수 있는 여지를 줬다고 볼 수 있다. 또한 가비지 컬렉션에서 사용하는 리소스를 줄일 수 있어 코드가 더 빠르게 돌아갈 수도 있다. 최근에는 PC 사양이 높아져서 메모

리도 충분하고 프로세서의 속도도 매우 빨라 이런 제약이 비교적 줄어들었으나, 그럼에도 불구하고 더 빠르고 가볍게 돌아가는 소프트웨어를 설계하는 것은 개발자에게는 영원한 숙명이 아닐까 싶다.

흥미로운 언어를 1년 이상 공부하자!

프로그래밍 언어 선택 시 리소스와 사용성 외에도 고려할 사항들이 더 있다. 해결하고자 하는 문제가 객체지향 프로그래밍 방법으로 더 쉽게 풀릴 것인지, 절차지향 프로그래밍 방법으로 더 쉽게 풀릴 것인지도 고려할 수 있다. 또한 어떤 프로그래밍 언어에서는 특정 목적에 맞게 활용할 수 있는 라이브러리를 더 많이 제공하기도 하고, 그렇지 않은 언어들도 존재한다. 따라서 풀고자 하는 문제에 따라 개발 언어를 유연하게 변경할 수 있는 자세가 필요하다.

세상에는 수많은 프로그래밍 언어들이 있다. 이 많은 언어들을 모두 익히는 것이 과연 쉬울까? 하나의 언어만 제대로 공부하는 데도 짧게는 6개월, 길게는 수 년, 수십 년이 필요하다. 그런데 여기에는 숨겨진 사실이 하나 있다. 프로그래밍 언어들 간에는 유사한 점이 많다는 것이다. 모두 자료 구조나 알고리즘 등에서 공통점들을 갖고 있고, 이를 표현하는 세부적인 요소들에서 차이가 발생하기 때문이다. 물론, C와 C++에서 절차지향적 프로그래밍 방법이나 객체지향적 프로그래밍 방법과 같이 프로그래밍 패러다임이 달라지는 언어들의 경우에는 많은 차이가 느껴질 수도 있지만, 두 언어의 세부로 들어가면 공통적인 자료 구조들을 갖고 있고 함께 활용할 수 있는 다양한 알고리즘들이 존재함을 알 수 있다.

만약 하나의 언어를 오랜 시간 숙달하게 되면 다른 언어를 배우는 과정이 굉장히 짧아진다. 다양한 프로그래밍 언어를 익힐수록 새로운 언어를 배울 때 이미 이해하고 있는 프로그래밍 철학을 학습 시활용하게 됨으로써 학습 시간을 단축시킬 수 있는 것이다. 다만, C, C++와 같이 프로그래머가 메모리 관리를 직접 수행하는 방법을 미리 익힌 후 파이썬, 자바와 같은 언어를 다룰 때와 그 반대의 경우를 살펴보면 전자가 학습이 수월할 수는 있다. 그 이유는 메모리 관리에 대해 이해한 후 메모리 관리가 필요 없어지는 경우에 비해, 메모리 관리를 전혀 해보지 못하다가 메모리 관리 기법들을 추가로 공부하는 것이 더 어렵게 느껴질 수 있기 때문이다.

따라서 처음 공부할 때는 우선 흥미로운 언어를 진득하게 1년 이상 공부해 보는 것을 추천한다. 이후 프로그래밍이 익숙해지게 되면 가능한 한 다양한 언어들을 차근차근 공부하면서 언어별 차이점들과 공통점들을 파악하는 훈련이 필요하다. 이 과정에서 개인 프로젝트 및 업무 프로젝트들을 수행하는 것도 학습에 좋은 동기 부여가 된다. 그렇게 많은 사람들이 사용하는 프로그래밍 언어들을 한번씩 다뤄 보면 이후부터는 풀고자 하는 문제에 적합한 언어를 스스로 선정하고, 다양한 프로그래밍 테크닉들 중 몇 가지를 선택해서 시도할 수 있는 능력을 갖추게 될 것이다.

4 비전공자를 위한 공부 길잡이

어떤 정보가 중요한지 파악해 보자!

오늘날은 정보 풍요의 시대이다. 유튜브만 열어봐도 양질의 정보가 잘 정리돼 있는 것을 볼 수 있다. 전에는 논문들을 읽으면서 트렌드를 파악하고, 세부적인 디테일들을 공부해야만 해당 분야의 연구를 지속할 수 있었다. 요즘에도 이런 과정은 필수적 요소 중 하나이지만, 논문에서 잘 이해가 가지 않으면 논문 리뷰 블로그를 참고하거나 유튜브에서 해당 논문에 대한 설명을 찾아볼 수도 있다. 따라서 이제는 '어떻게 정보를 구하는가?'가 중요한 것이 아니라 '어떤 정보를 구하는가?'가 더 중요하다. 그런 점에서 어떤 정보가 중요한지 파악하는 능력이 매우 중요하다. 즉, 나무만 보는 것이 아니라 숲을 보는 능력을 길러야 한다.

그런데 이런 능력은 자신이 어떤 지식들을 얼마나 알고 있는지를 파악하는 '메타 인지' 능력을 요구한다. 즉, 기존의 지식들로 구축한 자신의 지식의 영역이 얼마나 되는지를 파악하고 있어야 자신이 어떤 분야의 지식을 추가로 학습해야 할지 알 수 있다. 이를 위해서는 기본기를 탄탄하게 익혀야 한다. 수많은 학문들은 기초적 지식 위에 더 정교하고 세부적인 분기들로 나뉘며 발전하기 때문이다.

그래서 이번에는 공부 커리큘럼에 대해 이야기하도록 하겠다. 하나는 일반적인 소프트웨어 개발자를 위한 커리큘럼이고, 다른 하나는 딥 러닝, 머신 러닝과 같은 데이터과학을 공부하는 커리큘럼에 대한 것이다. 전자는 소프트웨어 직군이 워낙 방대하므로 가장 기본적이면서도 대부분의 개발자들에게 공통적으로 필요한 요소들에 대해 다루도록 하겠다. 후자는 데이터과학을 공부하면서 필수적으로 알아야 할 내용들을 다루도록 하겠다.

개발자 길잡이 1:
주력 프로그래밍 언어와 다양한 언어들의 학습

먼저 소프트웨어 개발자가 되기 위해서는 프로그래밍 언어에 대한 이해가 필요하다. 이는 앞서 설명했던 대로 본인의 주력 언어를 하나 정해서 꾸준하게 오랜 시간 공부하는 것이 좋다. 그렇게 하나의 언어에 통찰력을 얻을 만큼 숙달되면 이후에는 개인적인 프로젝트나 다른 언어를 사용해야 하는 회사 프로젝트 또는 사이드 프로젝트를 진행하면서 다른 언어들과의 차이점과 공통점을 통해 프로그래밍 언어 자체에 대한 이해를 할 수 있다. 이 시기에는 프로그램을 효율적으로 작성하는 데 집중하고, 동시에 알고리즘과 자료 구조를 공부하는 것을 추천한다. 이 시간들은 더 적은 공간 복잡도(메모리)와 시간 복잡도(연산 시간)를 갖는 코드를 작성함으로써 더 좋은 개별 프로그램을 만드는 과정이기 때문이다.

개발자 길잡이 2:
개별 프로그램에서 시스템에 대한 이해로 확장

개별 프로그램 및 로직 구현을 효율적으로 할 수 있는 수준이 됐다면 이후에는 운영체제, 네트워크, 데이터베이스, 컴퓨터 구조, 컴파일러에 대한 공부를 통해 프로그램들의 집합인 시스템의 구동 원리에 대해 이해하도록 한다. 우리가 만든 작은 프로그램 모듈을 전체 시스템에서 조화롭게 동작하도록 하기 위해서는 시스템에 대한 이해가 선행되야 하기 때문이다. 즉, 시스템 내에 들어갈 개별 프로그램을 만들 때도 전체적인 시스템을 고려해서 구현함으로써 시스템 관점에서 더 좋은 개별 프로그램을 만들 수 있도록 하는 것이다. 여기까지는 좋은 프로그래머가 되기 위한 기본적인 소양이다.

개발자 길잡이 3:
프로젝트 매니지먼트에 대한 이해

지금부터는 개별 프로그래머가 아닌, 개별 프로그래머들을 통솔하고 방향을 제시하는 중간 관리자 이상의 개발자가 되기 위해 필요한 내용이다. 소프트웨어 디자인, 디자인 패턴 및 소프트웨어 공학 공부를 통해 규모가 큰 프로그램을 짜는 방법을 공부하는 것이 좋다. 전체적인 소프트웨어의 구조, 소프트웨어의 라이프사이클, 요구 사항 관리, 구현, 테스팅 등 소프트웨어 개발 프로젝트를 어떻게 이끌어 나가는지에 대한 방법론을 배울 수 있다.

물론, 이 이상으로 클라우드 시스템, 임베디드 시스템, 인공지능, 보안 등의 분야들도 추후 업무를 진행하면서 개별적으로 공부해야 하지만, 미리 선행 주제들을 이해하고 있다면 다른 공부를 할 때도 더 수월하게 공부할 수 있을 것이다.

개발자 길잡이 4: 영어의 중요성

개발자에게는 영어라는 언어가 프로그래밍 언어만큼이나 중요하다. 물론, 대기업 입사를 위해서도 영어는 중요하다. 하지만 영어를 잘하지 못하는 개발자들도 분명히 존재한다. 그러나 본인 역량 이상으로 계속해서 성장하고자 한다면 영어에 반드시 익숙해져야 한다.

이전부터 우스갯소리로 개발자들 사이에서는 개발에 가장 중요한 3요소로 '스택 오버플로우(개발자들 전용 질의응답 사이트)', '오래된 옛 블로그' 그리고 '하느님'이 있다는 이야기가 전해진다. 그만큼 개발 시 막히는 문제들의 해결에 다른 개발자들의 시행착오가 중요한 참고 요소가 된다는 것이다. 그렇다면 개발은 한국인만 할까? 전 세계에 다양한 인종의 개발자들이 있다. 다양한 개발자들과의 의사소통에는 공용어인 영어가 주로 사용된다. 스택 오버플로우에서도 대부분의 질의응답은 영어로 이뤄진다.

새로운 기술이 등장해도 한국어로 번역되기까지는 시간이 걸린다. 개발자는 끊임없이 변화하는 기술들을 시시각각 학습해서 따라

가야 한다. 그러기 위해서는 영어에 능숙해져서 신기술을 받아들여 빠르게 적용할 수 있어야 한다. 또한 오픈 소스 개발 시에도 문서 배포를 위해서는 영문 문서가 필수이다. 영작을 못하면 열심히 개발한 소스 코드를 전 세계 개발자들에게 배포할 수 없다. 열심히 개발한 코드를 영작이라는 도구를 활용해서 자신의 커리어 향상에 부스터로 활용할 것인지, 좋은 코드를 개발하고 조용히 묻히게 둘 것인지는 개발자의 영어 역량에 달려 있다.

5 데이터과학 분야의 개발자가 되고자 한다면?

지식을 선별해서 활용하는 것이 중요하다!

독자분들 중에는 최근 트렌드에 따라 딥 러닝 및 머신 러닝 분야의 개발자를 희망하는 사람들도 있을 것이다. 그들 중에는 이 분야의 비전공자들 수요 역시 있을 것이다. 간혹 비전공자들은 정규 커리큘럼을 이수하지 않은 것에 대한 불안감을 갖고 있는 경우가 있다.

딥 러닝 분야는 폭넓은 수학적 배경지식을 요구하기 때문이다. 물론, 정규 커리큘럼을 차근차근 공부하면서 배우는 다양한 이론들이 추후 직·간접적으로 개발 업무를 할 때 많은 도움이 되는 것은 사실이다. 그러나 비전공자라 할지라도 걱정할 필요는 없다. 요즘은 누구나 대학의 커리큘럼을 살펴보면 어떤 과목들을 해당 과에서 이수하는지 손쉽게 검색이 가능하기 때문이다. 아예 해당 강의 내용들을 유튜브 등의 플랫폼을 통해 올려놓는 경우도 있다. 표 2-1과 같이 스탠퍼드의 유명한 cs231n 강의 역시 그중 하나이다. 참고로, cs231n의 경우에는 일부 대학원이나 기업에서 해당 영상들을 공부하고, 함께 토론하거나 추가적인 설명 시간을 통해 심화 학습을 진행하는 곳들도 많다. 해당 커리큘럼에 따라 차근차근 공부하고 부족한 부분은

출처	설명	QR 코드
스탠퍼드 cs231n	딥 러닝 전반적인 내용에 대한 유튜브 강의	
서울대학교 연합전공 인공지능 커리큘럼	서울대학교 학사 과정으로 연합전공 인공지능의 커리큘럼을 볼 수 있음	
성균관대학교 인공지능융합전공 커리큘럼	성균관대학교 인공지능융합학과의 상세 커리큘럼을 볼 수 있고, 커리큘럼 세부 내역도 확인할 수 있음	
한국과학기술원 AI 대학원 커리큘럼	KAIST AI 대학원의 상세 커리큘럼 및 각 과목의 개요도를 확인할 수 있음	

표 2-1 | 학습 시 참고할 수 있는 다양한 출처들

심화 공부를 하면서 정복하면 다른 분야의 지식과 시너지 효과를 일으켜 더 우수한 융합형 인재가 될 수도 있을 것이다. 실제로도 딥 러닝 분야에서 도메인 지식을 딥 러닝 지식과 결합해서 시너지를 일으키는 연구도 많이 진행되고 있으므로 융합형 인재의 수요는 더욱 늘어날 것으로 예상된다. 이를 위해서는 인터넷에 수많은 딥 러닝 관련 지식들 중 좋은 정보를 잘 선별하고 활용할 줄 알아야 한다. 오늘날과 같은 정보의 풍요 시대에는 지금 어떤 지식을 갖고 있는지보다 어떻게 그 지식들을 활용할 것인지가 더욱 중요하기 때문이다.

그런데 정보가 너무 풍요롭다 보면 어떤 정보를 우선적으로 배워야 할지, 어떤 공부가 중요한지에 대해 혼란스러울 수 있다. 따라서 이번에는 딥 러닝 및 머신 러닝 분야 개발자가 되기 위한 커리큘럼들 중 좀 더 관심 있게 봐 두면 좋을 내용들을 소개하도록 하겠다.

딥 러닝 공부 길잡이 1: 기본 수학

먼저 이야기할 것은 기본적 수학 지식이다. 딥 러닝 모델은 올바르게 문제를 해결했을 경우와 그렇지 않은 경우에 대한 피드백을 통해 학습을 진행한다. 그런데 문제를 올바르게 해결했는지에 대한 정보를 주려면 모델의 출력과 실제 올바르게 문제를 해결한 결과를 비교해야 하며, 이를 위해서는 모델 출력과 올바른 문제 해결 결과의 차이를 수학적으로 정의할 수 있어야 한다. 이 둘의 차이를 '손실 함수'라는 이름으로 정의하는데, 유클리드 거리, 코사인 유사도 등에 대한 개념을 통해 '손실 함수'를 어떻게 정의할 수 있는지 알고 있어야 한다.

또한 학습 과정은 모델을 조금씩 변화시켜 모델 출력이 점차 올바른 문제 해결 결과에 다가가게 하는 작업이므로 이 과정에서 어떻게 모델을 변화시키는지 수학적으로 알아야 더 좋은 모델 변화 방법을 이해할 수 있다. 앞서 '손실 함수'를 수학적으로 정의했으므로 모델이 변화될 때마다 이 '손실 함수'의 변화 정도를 미분을 통해 알 수 있다. 하지만 우리가 겪는 실생활의 다양한 문제들에는 입력 변수의 수가 둘 이상인 경우가 많다. 따라서 변수 간의 영향력을 배제하고, 하나의 변수에 대한 '손실 함수'의 변화에 대해서도 살펴봐야 하므로 '편미분' 개념도 알고 있어야 한다. 이는 공과대학 학부 과정의 '미적분학' 및 '공업 수학'에서도 다룬다. 또한 변수의 수가 많아지고 복잡한 모델일 경우에는 깔끔하게 행렬 형태로 표현해서 문제를 푸는 것이 효과적이므로 선형대수학에 대한 이해도 필요하다. 추가로, Manifold Learning, 차원 축소, PCAPrincipal Component Analysis(주성분 분석) 등을 공부할 때도 선형대수학에 대한 개념이 많이 활용되므로 선형대수학은 자세히 알고 있어야 한다.

확률 및 통계 과정은 딥 러닝 모델이 확률과 통계에 근거한 모델이므로 잘 알아야 한다(강화학습에서도 확률 모델이 상당히 많이 등장하므로 반드시 필수). 이를 테면 강아지 사진들과 고양이 사진들을 모델 입력으로 넣고 테스트 사진이 고양이 사진인지, 강아지 사진인지를 구별하는 문제는, 결국 고양이 사진들에 해당하는 픽셀 입력값들이 모델의 입력으로 들어왔을 때 모델의 출력으로 고양이가 강아지보다 더 높은 신뢰도나 확률값을 갖도록 하는 것이다. 다시 말해 주어진 입력 픽셀들에 따른 최종 출력의 조건부 확률이 높을수록 실제 해당 사진 속 동물이 정답일 확률이 높아지도록 하는 것이다. 즉, 입력 가능한 모든 데이터를 모두 학습할 수는 없으니, 그 일부를 통해 모델이 최대한 실제 데이터 분포를 추론하도록 하는 것이 학습 과정이므로 이를 위해서는 확률 분포에 대한 이해가 반드시 필요하다.

또한 모델 학습(트레이닝) 테크닉에 대해 공부할 때도 확률과 통계는 중요하다. 모델이 특정 데이터에만 너무 편중돼 학습되지 않도록 다양한 모델 학습 테크닉들이 필요하다. 추후 규제Regulation 테크닉에 대해 배울 때 많이 등장하게 된다. 이를 테면 불독 사진으로만 강아지를 학습했을 경우 푸들 사진을 보여줬을 때 모델이 강아지로 구별하지 못한 사례가 있다. 이런 현상을 과적합Overfitting이라고 하는데, 이를 방지하는 테크닉들의 동작 원리를 이해하기 위해서라도 확률 및 통계에 대한 이해가 필요하다.

딥 러닝 공부 길잡이 2: 프로그래밍 언어

프로그래밍 언어에 관해서도 알아 둘 필요가 있다. 현재 많이 사용되는 딥 러닝 프레임워크들은 파이썬이라는 프로그래밍 언어를 사용한다. 파이썬에서는 다양한 라이브러리를 제공하므로 다양한 개발 작업에 활용할 수 있어 많은 개발자들이 사용하고 있다. TIOBE Index는 프로그래밍 언어를 이용하는 엔지니어 수, 관련 강좌 및 홈페이지 수, 검색 엔진에서 검색된 횟수를 통해 프로그래밍 언어 인기 순위를 알려주는데, 여기서 파이썬이 가장 인기가 있었다. PYPLPopularity of Programming Language에서는 구글에서 한 달 동안 해당 프로그래밍 언어를 이용한 개발 관련 검색 순으로 프로그래밍 언어 순위를 선정하는데, 여기서도 파이썬이 1위를 차지한 바 있다. 따라서 소프트웨어 개발자가 되기 위해서도 파이썬을 아는 것이 유리하지만, 데이터과학 분야에서 커리어를 쌓고자 한다면 파이썬은 더더욱 선택이 아닌, 필수라고 볼 수 있다.

특히 파이썬의 딥 러닝 관련 라이브러리들 중 공통적으로 많이 사용되는 라이브러리들에는 Pandas, SciPy, NumPy 및 Matplotlib, Seaborn 등의 시각화 라이브러리들이 있다. 이런 라이브러리들은 미리부터 이론을 공부하듯 공부하기보다는 실제 예제들을 통해 사용에 익숙해지는 것이 좋다. 라이브러리 내에는 자주 사용하지 않는 메소드들이 매우 많고, 이들을 모두 학습하는 데는 수많은 시간이 소요되기 때문이다. 오히려 필요할 때마다 찾아서 사용하면서 자주 사용하는 메소드들을 숙달하는 것이 훨씬 유리하다.

딥 러닝 공부 길잡이 3: 머신 러닝 테크닉들

머신 러닝은 딥 러닝보다 더 포괄적인 개념으로, 학습 데이터가 많아질수록 모델의 성능이 좋아지는 특성을 갖고 있다. 또한 현업에서는 도메인 지식과 함께 학습에 사용되는 특성들을 엔지니어가 직접 설계함으로써 딥 러닝에서 적합한 특성들을 찾는 과정을 생략할 수도 있다. 적합한 특성들을 찾게 되면 학습에 필요한 데이터셋이 매우 적어지기 때문에 현업에서 자주 활용되는 테크닉(기법)들이다.

우선 선형 분류와 선형 회귀 문제는 머신 러닝을 공부할 때 가장 먼저 소개되는 문제들이다. 선형 모델을 사용해서 간단한 데이터과학 문제들을 풀어낼 수 있는데, 생각보다 성능이 좋아서 가볍게 코드를 돌려야 하는 문제들에서는 선형 모델을 자주 활용한다. 함께 언급되는 테크닉으로는 의사 결정 나무가 있다. 이는 원하는 정답을 여러 질문들을 통해 찾는 테크닉이다. 이를 테면 환자의 비만 여부를 결정하기 위해 "키가 170cm 미만인가?", "몸무게가 55kg 미만인가?"와 같은 질문들을 던져서 최종적으로 비만인지, 정상인지를 판단하는 것과 같다. 이를 위해서는 미리 '몸무게', '키'에 대한 데이터가 주어지는데, 이때 모델은 '비만인지의 여부를 가르는 키와 몸무게의 기준'을 찾게 된다. 또한 자주 사용되는 테크닉으로 서포트 벡터 머신이 있다. 이는 비슷한 데이터들은 비슷한 특성 공간에 놓이는 특징을 사용해서 서로 다른 분류의 데이터들을 구분하는 초평면을 만드는 테크닉(기법)이다. 모델이 초평면의 역할을 함으로써 서로 다른 데이터들이 초평면에 의해 특성 공간에서 구분되는 형태이다.

저차원에서 데이터가 섞여 잘 구분되지 않는 경우에는 더 높은 차원의 공간으로 사영시키는 '커널 트릭'을 사용해서 문제를 해결하기도 한다. 이와 관련해서 차원 축소 테크닉 중 '주성분 분석'도 유의해서 공부하는 것이 좋다. 주성분 분석은 고차원의 데이터를 저차원의 데이터로 환원시키는 테크닉인데, 이때 데이터를 가장 잘 나타내는 축들로 구성된 공간으로 사영시킨다. 이 과정에서 데이터를 가장 잘 표현하는 축이 무엇인지 알아야 한다. 이 축은 데이터의 공분산을 통해 구하는데, 이는 데이터가 가장 멀리 퍼지는 축이 정보 손실을 최소화하기 위해 반드시 취해야 할 축이기 때문이다. 이외에도 k-최근접 이웃이라고 해서 새로운 데이터가 기존 데이터들 중 어떤 데이터들과 가장 비슷한지(가까운지)를 통해 분류 문제를 푸는 테크닉도 존재한다. 로지스틱 회귀 역시 자주 등장하는데, 분류 문제를 푸는 목적으로 자주 사용된다. 특히 일반적으로는 두 종류의 범주를 갖는 문제에서 많이 사용되며, 3개 이상의 범주에서는 다항 로지스틱 회귀를 사용해서 문제를 풀 수 있다. k-평균 군집 알고리즘 등의 군집화 알고리즘들은 비지도 학습 테크닉으로, 각 데이터의 유사성에 따라 여러 군집을 구분하고, 이들의 차이점들을 확인하거나 주어진 데이터에 대한 요약 정리를 하기도 한다.

언급한 것 외에도 머신 러닝 테크닉들은 무수히 많다. 최근에는 대량의 데이터와 GPUGraphic Processing Unit 성능의 급격한 발전으로 특성 선택 및 특성 추출을 하는 딥 러닝 모델들이 많은 인기를 끌고 있지만, 데이터가 비교적 적거나 GPU 성능이 충분하지 않은 상황들도 굉장히 많으므로 반드시 머신 러닝 테크닉(기법)들에 대해서는 꼭 짚고 넘어가도록 한다. 필자도 급변하는 딥 러닝 분야 연구를 계속 따라잡기 위해 꾸준히 공부하면서도, 실제 문제 해결 과정에서는 머신 러닝 테크닉들을 많이 사용한다. 이는 데이터가 충분하지 않은 상황에서의 가능성 확인Feasibility Check을 위해서도 유용하고, 리소스가 부족한 프로그램 동작 환경을 고려하기 위해서이기도 하다.

딥 러닝 공부 길잡이 4: 표 형태의 데이터에 대한 테크닉

딥 러닝이 위상을 떨친 계기에는 영상 및 사진 인식과 같은 컨볼루션 신경망이 있었고, 이세돌과 알파고의 바둑 경기에서 사용된 강화학습 모델이 있었다. 최근에는 생성 모델들을 사용해서 그림을 그려주는 신경망 또한 매우 인기가 있다. 그러나 이런 딥 러닝 모델들의 활약으로 많은 사람들은 표 형태의 데이터들이 산업계에서 얼마나 많이 사용되며, 이들을 다루기 위해 머신 러닝 테크닉(기법)들이 얼마나 많이 활용되고 있는지를 간과한다.

이를 테면 키, 몸무게, 체지방량을 표에 기입해 두고 비만 여부를 작성해 둔 데이터, 와인의 각종 성분들을 표에 작성해 두고 와인 등급을 함께 작성해 둔 표 등 무궁무진한 데이터들이 사실 표 형태의 정형 데이터로 작성될 수 있다. 딥 러닝의 우수한 강점 중 하나는 특성 선택과 특성 추출을 정형 데이터는 물론이고, 비정형 데이터로부터 잘 추출 및 선택해서 학습에 활용한다는 점이다. 그리고 이미 표 형태로 특성이 잘 정리된 정형 데이터의 경우에는 특성 추출 및 특성 선택의 과정이 단축된다. 여기에 표 형태의 데이터에서는 머신 러닝 테크닉(기법)들이 매우 잘 동작함이 알려져 있기 때문에 표 형태의 데이터에서는 머신 러닝 모델들을 많이 활용하고 있다.

하지만 이런 표 형태의 데이터는 일반적으로 변수 데이터이므로 변수 간의 상관관계 분석을 통해 변수 간의 영향을 잘 파악해야 한다. 이를 위해 피어슨 상관계수, 켄달의 타우, 스피어만 상관계수 등을 사용해서 두 변수가 어떤 방향으로 변화하는지를 살펴볼 수 있다. 그러나 상관계수는 두 변수의 인과관계를 의미하지는 않는다. 이를테면 아이스크림 판매량과 상어에게 물리는 사건의 상관관계는 양의 상관관계를 갖는다. 왜냐하면 날이 더운 여름에 사람들이 아이스크림을 많이 먹고, 동시에 바다에서 수영도 많이 하므로 아이스크림 판매가 많이 되는 더운 날 상어에게 물리는 사건이 더 많이 발생하기 때문이다(상관관계). 그러나 그 누구도 아이스크림이 많이 팔리기 때문에 사람들이 상어에게 더 많이 물린다고 생각하지는 않는다(인과관계). 인과관계를 조사하고자 한다면 회귀 분석을 실시하는 것이 더 도움이 될 수 있다.

이외에도 시계열 분석이 있다. 시간에 따라 데이터가 구성된 경우에는 데이터가 동일하게 표 형태로 구성될지라도 행 또는 열 간의 데이터가 시간 순서대로 구성돼 있기 때문에 다른 방식의 분석 방법이 필요하다. 머신 러닝 기반의 방법 이전에 고전적인 시계열 예측을 해결하기 위한 모델들로는 ARMA Autoregressive Moving Average나 이의 변형인 ARIMA Autoregressive Integrated Moving Average, SARIMA Seasonal Autoregressive Integrated Moving Average 등이 있다. 먼저 autoregressive는 '자기 회귀'라는 의미인데, 이는 어떤 변수의 미래 값을 예측하기 위해 동일 변수의 이전 값에 확률적으로 의존하는 것을 의미한다. 이를테면 사람의 내년 키는 현재 키와 작년 키를 통해 오차 범위 내로 예측 가능한 것과 같다. 여기서 MA는 Moving Average로, 이동 평균을 의미한다. 우리가 주식 가격을 예상해 볼 때 참고하는 것이 '5일, 10일, 20일 등의 이평선(이동 평균선)'이다. 이동 평균값은 변화하는 값의 경향성을 확인해 보는 데 매우 유용하다. 이동 평균 자체가 가장 최신값일수록 더 큰 가중치를 고려하고, 이전 값일수록 작은 가중치를 고려하므로 값의 과거 이력과 함께 현재 값의 움직임이 크게 반영되기 때문이다. 나머지 모델들은 모두 이런 ARMA 모델의 파생이기 때문에 위의 두 개념만 이해하면 파생 개념들은 쉽게 이해할 수 있다. 또한 변수가 하나인 단변량 문제에서는 이런 고전 모델들도 우수한 성능을 발휘한다고 알려져 있다.

하지만 고전 모델들은 아무리 데이터가 많아져도 모델의 예측 성능이 향상되지는 않는다. 머신 러닝 모델들은 고전 모델들과 달리, 데이터를 많이 입력할수록 모델의 예측 성능이 향상되는 특징을 갖는다. 또한 많은 문제들이 여러 변수가 함께 변화하는 것을 고려해서 미래의 값을 예측하는 다변량 문제인 경우가 많다. 따라서 우리는 기존 고전 모델들뿐만 아니라 머신 러닝 모델들도 자세히 이해하고 있어야 한다. 이런 머신 러닝 모델로는 선형 회귀 모델, 서포트 벡터 머신, 랜덤 포레스트와 같은 배깅 방식의 알고리즘들과 AdaBoost, Gradient Boosting Machine, XGBoost와 같은 부스팅 방식의 알고리즘 등이 있다. 배깅 방식은 간단한 문제를 푸는 모델을 여럿 두고, 여러 모델들의 정답들을 다수결 등의 방법으로 종합적으로 고려하는 방식이다. 한 실험에서 63 빌딩의 높이를 임의의 시민 한 명에게 묻는 과정을 여러 회 반복했을 때의 정답률과 임의의 1,000명의 시민들에게 물어서 평균을 내는 과정을 반복했을 때의 정답률을 비교했을 때 후자가 더 정답률이 높았다고 한다. 이는 여러 정답들을 종합적으로 고려했을 때가 지엽적인 정답을 고수할 때보다 더 정확해지는 현상을 보여주는 것이다.

부스팅 방식은 한 모델에서 오답을 보인 문제들에 집중해서 다음 모델이 문제들을 풀게 하고, 또다시 오답들을 낸 문제들 위주로 그다음 모델이 풀게 하는 과정을 반복하는 방식이다. 배깅 과정이 병렬적인 방법임에 비해, 부스팅 방식은 직렬적인 방법을 사용하므로 학습에 더 시간이 오래 걸리는 단점이 있지만, 어려운 문제들에 학습 리소스를 집중한다는 점에서 정답률이 더 높아진다는 장점도 있다. 이렇게 표 형태의 데이터에 적용할 수 있는 모델들은 다양하다. 그리고 데이터에 따라 더 유리한 모델이 달라지기도 한다. 따라서 이런 머신 러닝 모델들을 적용할 때는 다양한 모델들을 적용해 본 후 성능 지표를 비교해서 더 좋은 성능에다 모델 크기, 요구 성능 등의 요소들을 함께 고려해 최종 모델을 선정하는 방법을 추천한다.

이런 표 형태의 데이터가 산업계에서 매우 자주 사용되는 분야가 있는데, 넷플릭스, 왓챠, 유튜브 등의 '추천 시스템' 분야가 그것이다. 이들 플랫폼의 '추천 시스템'은 수많은 고객 데이터를 통해 어떤 고객이 어떤 영상을 시청하고 싶어 할지를 미리 파악해서 추천해 준다. 이를 위해서는 고객들과 영상들에 대한 데이터베이스를 상세하게 구축해서 고객 간 데이터의 유사도, 영상들 간 데이터의 유사도에 대한 정보뿐만 아니라 어떤 고객들이 어떤 영상들을 시청했는지에 대한 데이터를 종합적으로 고려해야 한다. 이런 추천 시스템을 구현하기 위해 최근에는 머신 러닝 테크닉들 외에도 오토 인코더, 컨볼루션 신경망, 순환 신경망 기반의 시스템들도 많이 연구되고 있다.

딥 러닝 공부 길잡이 5: 딥 러닝 분야의 공통적 주제들

기본적으로 딥 러닝 분야를 이해하기 위해서는 딥 러닝 모델들이 기존 규칙 기반의 모델들, 머신 러닝 기반의 모델들과 어떤 차이를 갖고 있는지를 이해해야 한다. 규칙 기반 모델에 비해, 머신 러닝 모델들과 딥 러닝 모델들은 데이터가 더 많이 제공될수록 성능이 향상된다. 머신 러닝 모델들은 특성Feature들의 추출 및 선택이 개발자에 의해 결정되지만, 딥 러닝 모델들은 특성 추출과 특성 선택이 자동적으로 된다. 물론, 딥 러닝 모델들은 일반적인 머신 러닝 모델들에 비해서 층이 더 깊은 측면도 있다. 중요한 것은, 이런 차이점들이 발생하는 원리를 이해해야 한다. 딥 러닝 모델의 층이 깊어지면서 특성 추출과 특성 선택이 자연스럽게 이뤄질 수 있게 되는 원리를 이해해야 한다는 것이다. 흔히 딥 러닝 모델은 어떤 함수도 근사화할 수 있다고 한다. 즉, 임의의 입출력 관계를 갖는 함수를 딥 러닝 모델이 학습을 통해 따라할 수 있다는 것이다Universal Approximation Theorem. 수많은 문제들은 특성 공간에서 데이터의 분포를 유추하는 것과 관련이 있다. 만약 특성들을 입력으로, 데이터의 분포를 출력으로 하는 함수를 딥 러닝 모델이 근사화할 수 있다면 우리는 앞으로 임의의 특성들을 입력으로 넣었을 때 해당 데이터가 분포상 어디에 위치하는지를 이해할 수 있다. 이를 통해 데이터가 어떤 분류에 속하는지(분류 문제)를 풀 수도 있고, 데이터의 값을 추정(회귀 문제)할 수도 있게 된다.

이런 일련의 과정들을 이해하기 위해서는 다중 선형 회귀 분석, 로지스틱 회귀 분석, 다층 퍼셉트론에 대해서도 깊이 있게 이해해야 한다. 또한 딥 러닝 모델의 학습 과정에서 이뤄지는 과적합Overfitting과 과소적합Underfitting, 이를 막기 위한 규제에 대한 이해 역시 중요하다. 최적화 이론 역시 중요한데, 이는 딥 러닝 모델 학습 과정이 최적화의 과정에 속하기 때문이다. 다양한 최적화 기법들이 모델 학습 기법들로 활용될 수 있다. 이외에도 이미지 영상 인식 등에 많이 활용되는 컨볼루션 신경망, 시계열 데이터에 많이 활용되는 순환 신경망에 대해서도 학습함으로써 다양한 태스크에 딥 러닝 테크닉(기법)을 적용할 수 있을 것이다. 그리고 GANGenerative Adversarial Network, VAEVariational Autoencoder와 같은 생성 모델에 대해서도 학습함으로써 세상에 존재하지 않는 그림을 그리거나 이미지를 변형시키는 등 창의적인 작업에도 딥 러닝 모델을 활용할 수 있게 된다. 최근에는 자연어 처리에 주로 사용되던 Transformer와 Attention Mechanism을 영상 인식, 시계열 데이터 예측 등에 활용하는 연구도 많은데, 이렇게 하나의 분야를 다른 분야에 접목시키는 것들도 가능하기 때문에 앞의 분야들을 골고루 학습해 두는 것을 추천한다.

딥 러닝 공부 길잡이 6: 자연어 처리 연구 분야

자연어 처리 분야도 다양한 방법론들이 연구되는 분야이다. 자연어 처리 분야를 공부하고자 한다면 언어 모델에 대한 이해가 필요한데, 언어 모델이란 단어 시퀀스에 확률을 할당하는 모델을 말한다. 간단한 예시로는 휴대폰의 자동 완성 기능이 있다. 자동 완성 기능을 켰을 때 우리가 '나는 학교에'까지 입력했다고 가정하면 '간다'가 다음에 나올 확률이 높다. 이렇게 단어 시퀀스에 확률을 할당하고, 가장 나올 법한 단어들을 배열하게 되면 가장 자연스러운 단어들의 시퀀스를 찾게 된다. 이런 언어 모델에는 통계적인 방법과 인공 신경망을 활용하는 방법이 있다. 또한 인간의 언어와 컴퓨터가 이해할 수 있는 데이터의 형태가 다르므로 모델에 입력으로 텍스트를 넣어 주기 위해서는 텍스트를 숫자 형태의 데이터로 바꿔 줘야 한다. 이때 텍스트의 잠재 의미를 반영해서 다차원 공간에 벡터화함으로써 유사한 단어들은 유사한 공간에 배치되고, 반대 의미의 단어들은 먼 공간에 배치되도록 하는 다양한 워드 임베딩Word Embedding 방법들에 대해서도 알아야 한다. 그리고 인간의 언어가 시계열 특성을 가지므로 순환 신경망에 대한 이해도 기본적으로 필요하다. 비교적 최근에는 Transformer 계열의 모델들(예: GPT, BERT 등)이 등장해서 자연어 처리 분야에서 우수한 성능을 보이고 있음에도 주목할 필요가 있다. 특히 Transformer 계열의 모델들은 최근에는 자연어 처리 외에도 컴퓨터 비전, 시계열 데이터 예측 등의 분야에도 활발하게 활용되고 있다.

딥 러닝 공부 길잡이 7: 컴퓨터 비전 연구 분야

아마도 딥 러닝 기술이 가장 큰 변혁을 일으킨 분야를 고르라고 한다면 컴퓨터 비전이 꼽힐 것이다. 일부 제한적인 조건에서는 이미 인간의 영상 인식 능력을 능가하는 성능을 보이고 있기 때문이다. 컴퓨터 비전에 대해 전문가가 되고자 한다면 컴퓨터가 이미지를 인식하는 과정에 대한 깊은 이해를 필요로 한다. 이를 위해 이미지의 픽셀들을 수치로 변화시킨 RGB 행렬을 다뤄 보고, 다양한 필터들을 적용해 보면서 이미지가 표현되는 방법을 익히는 것도 이미지를 이해하는 좋은 방법이 될 것이다. 고전적인 이미지 처리 방법들을 익혀 보는 것도 좋은 방법이다. 이미지에서 특징적인 부분들을 찾아서 서로 다른 각도에서 찍은 이미지의 특정 부분들을 매칭시키는 방법 중 SIFT Scale Invariant Feature Transform라는 방법은 지금도 제한적 리소스에서 사용되는 경우가 많다. 이런 고전적 방법들에 대한 공부를 하게 되면 이미지에서 특성Feature들이 어떻게 나타나는지도 이해할 수 있다. 그리고 이를 기본적인 컨볼루션 신경망에 학습시키고 심층 신경망의 특성 맵Feature Map을 시각화해 보면서 심층 신경망이 어떻게 특성들을 추출하고 선택하는지를 살펴볼 수도 있다. 기본적 컨볼루션 신경망을 깊이 이해하고 난 후에 대표적인 컨볼루션 신경망들을 학습해 보면 좋다. 대표적으로는 AlexNet, VGG, GoogLeNet, ResNet 등이 있으며, 이외에도 주옥 같은 신경망들이 많으니 논문들을 참조하거나 잘 설명된 블로그나 유튜브를 참고하는 것도 좋다.

컴퓨터 비전 분야에서 딥 러닝은 방대하게 연구돼 그 세부 분야도 매우 다양하다. 이미지에서 유사한 의미를 갖는 픽셀들 또는 동일한 객체에 속하는 픽셀들을 구분하는 이미지 세그먼테이션(Semantic Segmentation이라고도 함) 기법, 이미지에서 특정 객체가 존재하는지를 판단하는 Object Detection, 이미지에서 존재하는 객체들이 어떤 객체들인지를 판단하는 Object Recognition, 새로운 이미지를 생성하는 GANGenerative Adversarial Network, 우리가 카메라의 필터를 바꿔 이미지 스타일을 변경시키는 것과 유사한 역할을 하는 Style Transfer 등 무궁무진하다. 지면이 한정돼 있는 관계로 이 책에서는 세부적인 내용을 모두 다루지는 못하지만, 추후 학습하면서 키워드를 보게 된다면 좀 더 주의 깊게 해당 내용들을 학습하기를 추천한다.

딥 러닝 공부 길잡이 8: 강화학습 연구 분야

강화학습 분야도 알파고와 이세돌의 바둑 대회를 통해 화제가 됐
듯이 최근에 매우 각광받는 분야이다. 강화학습을 이해하기 위해서
는 MDP Markov Decision Process도 깊이 이해해야 한다. 왜냐하면 강화
학습 문제들 중 대다수가 MDP로 정의되기 때문이다. MDP를 이
해하기 위해서는 Markov Process가 무엇인지, MDP에서 policy,
action, reward가 무엇인지에 대해 이해해야 한다. 간단히 말하면
Markov Process는 현재의 state가 이전 state에만 영향을 받는 이산
확률 과정을 의미한다. 이를 이해하기 위해서는 확률 과정이 무엇인
지, 이산 확률 과정이 무엇인지 이해해야 한다. 즉, 학부 과정에서의
확률 이론, 확률 모델에 대한 이해가 필요하다. 이들에 대한 학습을
마쳤다면 Q-Learning을 공부하면 좋다. 이 과정에서 Q value가 무
엇인지, value-based 알고리즘과 policy-based 알고리즘의 차이가
무엇인지를 알 수 있다. 또한 DQN Deep Q-Network에서 어떻게 기존
의 Q-Learning의 Q-function을 심층 신경망으로 근사화시킬 수 있
었는지를 통해 최근 강화학습에서 딥 러닝이 접목돼 각광받는 이유
를 알게 된다. DQN 외에도 policy-based 알고리즘들에서 사용되는
Policy Gradient 기법들에 대한 이해도 중요하다.

앞서 DQN과 같은 value-based 알고리즘들이 Action-value
Function을 통해 Q-function을 구하고, 이를 통해 policy를 구하
는 것과 달리, policy-based 알고리즘들은 policy 자체를 근사화

시켜 파라미터화된 policy 자체가 나오도록 한다. 이를 통해 Value Function을 구하기 힘든 연속 state도 다룰 수 있고, 가위바위보와 같은 태스크에서 하나의 정답만 도출하는 것이 아니라 가위, 바위, 보 각각의 결과에 확률적인 결과를 도출하도록 할 수도 있다.

이외에도 Value Function과 policy를 모두 갖고 있는 Actor-critic도 존재한다. policy-based 알고리즘들은 다양하게 사용되고 있으며, 많이 사용되는 모델로는 DDPGDeep Deterministic Policy Gradient, TRPOTrust Region Policy Optimization, PPOProximal Policy Optimization, SACSoft Actor-Critic가 있다. 최근에는 MPCModel Predictive Control, 톰슨 샘플링 방법도 자주 적용되므로 참고해서 학습하는 것을 권장한다.

6 아무리 강조해도 지나치지 않은 '실무 감각' 익히기

유튜브나 강의들, 수많은 책 등의 여러 매체들을 통해 앞서 설명한 지식을 익히는 과정도 중요하다. 그렇지만 그 이상으로 중요한 부분이 있다. 바로 '실무 감각'이다. 지식이 아무리 많더라도 이를 응용할 줄 모르면 무용지물이다. 갖고 있는 지식을 구체화해서 실체가 존재하는 형태로 구현하는 과정은 이제 선택이 아니라 필수이다. 도대체 왜 실무가 중요한지, 어떻게 해야 실무적 감각을 익힐 수 있는지 지금부터 다뤄 보도록 하겠다. 먼저 회사와 학교의 차이를 살펴봄으로써 실무적인 것이란 어떤 것인지 파악해 보자.

회사와 학교의 차이: 실무 감각이란 무엇인가?

우선 대학교 학부 과정을 살펴보겠다. 학부 과정에서는 고등학교 교과과정과 유사하게 다양한 수업들을 들으며 개발에 필요한 지식들을 익힌다. 이때 프로젝트들을 수행하며 실무적인 감각을 익힐 수도 있다. 그러나 대부분의 프로젝트나 교과과정들은 착실하게 가이드를 따르면 우수한 성적을 얻을 수 있는, 잘 짜인 커리큘럼에 따라 운영된다.

대학원 과정에서는 좀 더 정답이 정해지지 않은 문제들을 푼다. 때로는 정답이 없는 문제들도 있고, 정답을 얻기까지 굉장히 긴 시간이 소요되는 문제들도 있다. 이때는 문제를 푸는 과정뿐만 아니라 문제를 잘 정의하는 것의 중요성을 배울 수 있다.

회사 업무는 어떨까? 분명 유사한 부분도 많지만, 차이점도 많다. 먼저 다양한 요구 사항을 다루며, 수많은 사용 환경과 사용 사례, 오류들을 만나게 된다. 학교에서는 다양한 사례들에 공통적으로 적용할 수 있는 일반화된 이론에 집중하는 반면, 회사에서는 다양한 사례들을 쪼개어 가장 효율적인 방법으로 적용할 수 있는 방법들을 찾으려고 한다.

이것이 가능하려면 각 사례들에 대응할 수 있을 만큼 큰 규모의 협업이 있어야 한다. 그래서 회사에서는 협업해서 개발하는 능력이 필수적이다. 협업 시스템, 이슈 관리 시스템, 버전 관리 시스템 등이 중요해지는 대목이다. 혼자 개발할 때와 달리, 다른 사람들의 코드를 봐야 하고, 코드를 작성할 때도 가독성과 유지보수를 고려해서 작성 해야 한다.

뿐만 아니라 개발에 앞서 코드 구조를 설계하고, 이를 설계 문서 로도 남겨야 하므로 문서 작업 능력도 매우 중요하다. 또한 라이선스 도 고려해서 구현해야 한다. 혼자 사용할 프로그램을 개발할 때 여러 프레임워크들과 라이브러리들을 사용하는 것과 달리, 상업 용도의 프로그램을 개발할 때는 반드시 현재 자신이 사용하고 있는 라이브 러리들의 라이선스를 확인해야 한다. 대기업이라면 법무 팀이 있으 므로 라이선스와 관련해서 법률 자문을 받아볼 수 있다.

소프트웨어의 최적화 역시 매우 중요하다. 소프트웨어를 하드웨 어에 탑재해서 판매하는 회사의 경우에는 하드웨어 사양이 곧 비용 이고, 비용의 최소화는 그 회사의 수익과도 직결되기 때문이다. 소프 트웨어만 판매하는 회사의 경우에도 소프트웨어의 최적화는 곧 그 회사의 기술력과도 직결된다. 최적화된 소프트웨어일수록 더 많은 기기에서도 동작하므로 잠재적인 고객이 더 많아진다고 볼 수 있다.

필자의 실무 프로젝트들을 통한 실력 향상 사례들

지금까지 필자는 수많은 프로젝트들을 진행했다. 그중 몇몇 기억 에 남는 프로젝트들에서 어떤 한계를 발견했고, 어떻게 극복했는지를 소개하고자 한다.

　한 프로젝트에서는 자율주행 차량의 주행 도로를 탐색하는 로직을 개발했다. 이 과정에서 도로의 연결 구조와 형태를 자동으로 탐색하는 알고리즘을 개발해야 했다. 문제는 도로의 연결 구조와 형태라는 것이 지역에 따라 변화할 수 있다는 점이었다. 다양한 구조의 도로들을 모두 포함하면서 일반화된 방법으로 탐색할 수 있는 방법을 찾는 것이 중요했다. 이를 위해서는 도로 정보를 담을 수 있는 자료 구조가 중요하다. 효과적인 자료 구조는 필요한 만큼의 메모리를 사용하고, 데이터 탐색에도 매우 적은 시간이 소요되기 때문에 효율적인 코드를 짜기 위해서는 필수적으로 고려되야 했다.

　하지만 당시에는 효과적인 자료 구조에 대해 자세히 알지 못했었다. 얼핏 학부 과정에서 배웠던 자료 구조와 알고리즘에 대한 기억들을 떠올리며, 자료 구조와 알고리즘 관련 서적들을 몇 권 구매했다. 먼저 활용할 수 있는 자료 구조들을 추렸고, 이들의 장단점을 비교해서 정리했다. 동시에 어떤 알고리즘을 사용해야 데이터 탐색에 가장 유리할지를 구하고자 했다.

　알고리즘의 성능은 일반적으로 시간 복잡도(연산 시간)와 공간 복잡도(메모리)에 따라 정해진다. 효과적인 자료 구조와 알고리즘을 사용하면 정해진 작업을 수행하는 데 드는 메모리와 연산 시간이 줄어든다. 요즘에는 개발환경이 매우 좋아져서 특정 함수에서 사용되는 메모리와 소요 시간을 측정해서 알려준다. 이런 기능들을 활용하면 가능한 방법들을 정량적으로 비교해서 최적의 알고리즘을 구해낼 수 있다. 추가로, 필자의 경우에는 추가적으로 디버깅 용이성, 코드 가독성, 잠재적인 문제들을 함께 고려했다.

자율주행 분야와 같이 코드의 오류가 심각한 사고를 초래할 수 있는 분야에서는 사람의 잠재적인 코딩 오류도 최소화할 수 있도록 코드를 작성해야 한다. 그래서 비슷한 성능이라면 디버깅이 더 용이하고, 가독성이 좋은 코드가 선호된다. 이런 점들을 고려한 결과, 기대 이상으로 최적화된 로직을 개발할 수 있었다.

또 다른 프로젝트에서는 차량들의 주행 의도를 파악하는 로직을 개발했다. 이 과정에서 어려웠던 점은 입력 데이터의 품질이었다. 산업에서는 센서들의 가격 또한 중요한 경쟁 요소이므로 무조건 좋고 비싼 것들만 사용하기보다는 경쟁력 있는 합리적 가격의 센서들을 사용하는 경우가 많다. 그래서 정보의 정확도에 편차가 있을 수 있다. 그러나 이런 경우에도 자율주행 시 잘못된 판단을 해서는 안 된다. 따라서 무엇보다 노이즈가 포함된 데이터를 다루는 능력이 중요하다. 즉, 데이터 분석 기법이 매우 중요한 것이다.

이를 위해 데이터과학 방법론들을 학습하고 적용했다. 석사 과정에서 배웠던 데이터과학 지식들을 최대한 활용하고자 했고, 스탠퍼드 cs231n과 같은 유명 강의들, Coursera, Udacity, 패스트캠퍼스 등의 강의들도 참고했다.

이후 데이터들을 자동화된 방법으로 모으고, 모은 데이터들의 결측치 및 이상치 분석, 데이터 시각화, 상관 분석 등의 기법을 활용해서 데이터 전처리를 수행한 다음 모델을 학습한 후 특성 중요도를 살펴보면서 주요 특성들을 뽑았다. 심층 신경망을 통해서도 특성 추출 및 특성 선택이 가능하지만, 도메인 지식을 최대한 활용하고자 했다. 산업계에서 데이터가 충분하지 않거나 풀어야 할 문제의 복잡도와 요구되는 모델의 표현력이 매우 클 경우에는 도메인 지식을 함께 활용해서 특성을 추출해 주는 방법이 효과적일 수 있기 때문이다.

이렇게 데이터 분석 기법을 로직 개발 시 활용함으로써 규칙 기반 알고리즘의 한계를 극복하는 중요한 초석을 다질 수 있었으며, 기존 규칙 기반 로직들의 한계를 데이터 기반의 로직들을 통해 극복할 수 있었다.

실무 감각 키우기 따라하기 1:
알고리즘 문제 출제 사이트들을 통한 알고리즘 및 자료 구조 공부

앞의 사례들은 모두 프로젝트 진행 시 알고리즘과 자료 구조에 대한 지식이 필요했다. 이전에 우리는 알고리즘의 성능은 시간 복잡도(연산 시간)와 공간 복잡도(메모리)에 따라 정해진다고 배웠다. 즉, 효과적인 자료 구조와 알고리즘을 사용하면 정해진 작업을 수행하는 데드는 메모리와 연산 시간이 줄어든다. 이는 프로그램의 자원 사용에 대한 요구 사항을 만족시키는 데 매우 중요한 요소이므로 유능한 프로그래머라면 반드시 효과적인 알고리즘을 찾을 줄 알아야 한다. 그런데 어떻게 효과적인 알고리즘을 찾는 훈련을 할 수 있을까? 이에 대해 많은 프로그래머들이 고민했고, 요즘에는 좋은 알고리즘 문제 출제 사이트들이 많아져서 누구나 쉽게 알고리즘 문제를 코딩을 통해 해결할 수 있게 돼 소개한다.

<릿코드(LeetCode)>

릿코드는 세계적으로도 유명한 알고리즘 사이트이다. 따라서 문제들이 모두 영어로 제공된다. 이곳의 문제들을 풀다 보면 프로그래밍에 사용되는 영어에 친숙해질 수 있으므로 개발자 영어를 익히고 싶다면 한번쯤 영어로 문제를 풀어 보기를 추천한다. 난이도는 Easy, Normal, Hard로 구분하고 있고, 통과율도 보여준다. 또한 다른 사람들의 정답들도 함께 제공하므로 자신의 방법으로 문제를 풀고 나서도 다른 풀이법을 참고함으로써 다양한 풀이 방법들을 익히는 것이 좋다. 왜냐하면 앞으로 같은 문제에 대해 때로는 메모리 관점에서 최적의 알고리즘을 선택하거나 연산 시간 관점에서 최적의 알고리즘을 선택하거나 다양한 요구 사항에 맞게 알고리즘을 선택해야 하는 상황을 겪을 수도 있기 때문이다. 동일한 문제를 해결하는 다양한 카드를 손에 쥐고 있는 엔지니어가 유능한 엔지니어를 결정한다.

릿코드에서는 성능 지표로 본인이 작성한 알고리즘의 성능 지표를 표시해 줘서 다른 사람들과 비교하기 쉽도록 해준다.

<코드포스(Codeforces)>

코드포스 역시 해외 사이트로, 모든 문제가 영어로 제공된다. 또한 주 2회 이상의 잦은 알고리즘 대회가 있어 본인의 실력을 수시로 가늠할 수 있도록 돕는다. 문제의 난이도는 전반적으로 높으며, 국가별 랭킹을 제공해 주므로 본인의 실력을 국제적인 수준에서 살펴볼 수 있다. 문제들의 특성상 알고리즘 대회 문제들이 주로 출제되므로 코딩 테스트와 같이 코드의 사용 능력 자체보다 알고리즘에 대한 깊은 이해가 수반되야 문제를 풀 수 있다.

<백준 온라인 저지(Baekjoon Online Judge)>

백준 온라인 저지는 국내 알고리즘 사이트들 중에서는 가장 유명한 사이트로, 2만 문제 이상의 문제를 보유하고 있다. 개인이나 기관 랭킹을 제공하며, 50가지 이상의 언어를 제공한다. 단계별, 카테고리별로 분류된 문제들을 제공하며, 소요 시간, 메모리 사용 등 평가 결과도 제공한다. 무엇보다 문제들이 한글로 제공되기 때문에 앞서 소개한 외국 사이트들에서 영어로 문제를 푸는 데 부담이 있다면 먼저 한글 문제들을 풀어볼 것을 추천한다.

<프로그래머스(Programmers)>

프로그래머스는 코딩 테스트에 특화된 플랫폼으로, 카카오, 네이버, 라인, NHN 등 국내 IT 기업의 신입사원 공채 코딩 테스트를 위해 플랫폼을 제공해 주기도 했다. 실제로 "웹 개발자 챌린지" 등의 이름으로 수많은 스타트업들이 프로그래머스를 통해 개발자 채용을 진행하고 있다. 다만, 백준에 비해 문제 수가 적고, 백준이 입출력 기반의 문제풀이 방식이라면, 프로그래머스는 솔루션 함수 작성 기반의 문제풀이 방식이다. 단계별 문제들을 제공하므로 국내 기업 입사를 목표로 한다면 하나하나 풀어보면서 실력을 키워 나가면 좋다.

실무 감각 키우기 따라하기 2: 사이드 프로젝트들을 통한 실력 향상시키기

개인적인 프로젝트를 진행하거나 다른 사람에게 프로젝트를 수주받는 것 등을 통해 실력 향상 또한 가능하다. 다음은 필자가 개인적으로 수행한 사이드 프로젝트들 중 일부 사례들과 그 과정에서 실력을 키운 내용들이다.

<C++ 콘솔창만으로 테트리스 게임 만들기>

필자는 새로운 언어를 배울 때 항상 새로운 프로그램을 직접 짜면서 배우려고 한다. 그 이유는 단순히 코딩 문법을 이론으로만 듣는 것보다 실제 구현을 하면서 문제에 직면하고, 이를 푸는 과정에서 더 많은 내용을 배우고 더 와 닿는 경험을 하게 돼 오래 기억할 수 있기 때문이다. C++ 언어를 처음 익힐 때 문법을 새로 배우면서 짰던 코드가 C++의 콘솔창에서 표준 입출력 함수들(예: scanf(), printf())만 사용해서 테트리스 게임을 할 수 있는 프로그램이었다.

정답지를 준비해 놓고 코드를 작성하는 것이 아니라 처음부터 제로 상태에서 '표준 입출력 함수만 사용해서 뭔가 멋있는 걸 만들어 보자!' 생각한 후 고른 주제였기에 성공할 수 있을지 예상하기 힘들었다. 처음에는 테트리스라는 게임의 원리를 파악하지도 못했고, 이를 표준 입출력 함수만으로 실시간 표시하는 아이디어도 없었다. 그래서 우선 테트리스 게임을 다운받아서 플레이해 봤다.

플레이하면서 '내가 만약 테트리스 개발자라면 어떻게 이걸 구현했을까?' 하고 곰곰이 생각해 봤다. 블록이 존재하는 칸은 1, 빈 공간은 0으로 보고, 매 시간프레임 도형이 한 칸씩 내려온다. 이미 점유한 도형 자리는 1이므로 두 1이 겹치지 않을 때까지 천천히 내려오면 된다. 도형이 떨어져 전체 공간에서 블록들에 해당하는 1들이 가로로 한 줄 모두 꽉 차면 점수를 얻으며 지워진다. 그렇지 않으면 빈 공간을 갖는 줄 위에 계속해서 도형이 쌓여간다. 간단한 원리였다. 화면이 갱신되는 시점이 사용자의 입력과 주기적인 시간이 지날 때임을 파악했다. 블록은 이전에 쌓아 둔 블록들에 또다시 쌓이고, 만약 한 줄에 빈 공간이 없다면 해당 줄은 사라진다. 여러 줄을 한번에 사라지게 하면 더 많은 점수를 받고, 도형의 회전을 통한 끼워 넣기도 구현해야 했다. 사용자 입력에 따라 도형을 회전시키고, 스페이스 바를 입력하면 도형을 바로 떨어뜨리는 기능을 추가했다. 새로운 7종류의 새로운 블록들을 랜덤하게 생성하는 메소드, 도형과 필드를 저장하는 변수 등을 만들고, 멀티 스레드로 화면 표시, 블록 연산, 입력 처리를 구현했다.

처음에는 막막했던 작업이, 기능을 하나하나 나눠 생각해 보니 간단했다. 완성된 프로그램은 외부 라이브러리 없이 표준 입출력 함수만으로 테트리스 게임을 정상적으로 플레이할 수 있게 했다. 이 과정에서 클래스에 대한 이해뿐만 아니라 멀티 스레드 구현, 화면 표시, 동기화 등에 대해서도 배울 수 있었다. 이렇게 새로운 언어를 배울 때 반드시 자기만의 간단한 프로그램을 그 언어로 만들어 보자. 책으로 읽기만 하는 것보다 두세 배는 더 기억에 잘 남는다.

<야구 게임 추가 개선>

이 역시 가장 처음 MATLAB으로 구현했던 야구 게임에서 시작됐다(가장 처음 필자를 소개했을 때 나왔던 숫자 맞추기 게임이다). 기존에는 가능한 숫자 후보들을 생성하고, 이들 중 조건에 부합하는 숫자열들을 추려내는 과정에서 연산량이 비교적 많았다. 게임이 6자리 이상이면 초기에 기다려야 하는 시간이 길었다. 또한 상대방의 숫자를 추론하기 위해 후보 숫자열들 중 하나를 고를 때 랜덤하게 골랐다.

만약 사람들에게 4자리 숫자를 고르라고 하면 1234, 5678 등과 같이 한번에 많은 정보를 노출할 수 있는 숫자열보다는 5280, 2951 등과 같은 무작위성으로 보이는 숫자들을 더 많이 고른다. 이를 반영하기 위해 통계적인 방법을 사용했다. 상대방의 최종 숫자를 맞추게 되면 데이터베이스에 해당 숫자의 정답 수를 누적하는 것이다. 이를 테면 5280이라는 숫자가 정답일 경우 5280 레이블에 대해서는 테이블에 1회의 카운트가 추가된다. 만약 후보 숫자가 30개 있다면 30개에 대한 테이블을 찾아서 가장 통계적으로 많이 사용된 숫자를 제시한다. 가장 많이 사용된 숫자들이 여러 개라면 그중 랜덤하게 선정한다.

최종적으로 숫자가 결정되면 게임이 종료된 후 입력함으로써 테이블은 업데이트된다. 즉, 기존에 불가능한 숫자들을 쳐내는 방식에서 통계적인 방법을 추가로 적용한 것이다. 여기에 코드를 C 언어 기반으로 구현함으로써 빠르게 숫자를 추론하도록 했다.

⟨자동으로 우선순위를 정해주는 스케줄러 프로그램 제작⟩

학부 시절에 교내 자기주도학습 에세이 경진대회에서 금상을 탔었다. 이때 공부법에 대한 여러 방법들을 제안했었는데, 그중 하나가 스케줄의 우선순위를 정하는 방법이었다. 그 방법의 핵심은 급한 정도와 중요도, 소요 시간을 점수화한 후 세 점수들을 가중 합함으로써 우선순위를 결정하는 것이었다. 이를 테면 급한 정도가 10점 만점에 8점, 중요도가 6점, 소요 시간이 짧아서 8점인 업무가, 급한 정도가 5점, 중요도 3점, 소요 시간이 길어서 4점인 경우보다 더 우선적으로 할당되는 원리이다.

마침 주변에 스케줄을 정하는 데 어려움을 겪는 동료들과 지인들이 있어서 이들을 대상으로 프로그램 요구 사항을 취합했다. 이 시기에는 업무에 활용할 목적으로 MFCMicrosoft Foundation Classes 공부를 하고 있었기에 스케줄러도 MFC로 만들기로 결심했다(MFC는 윈도우 운영 체제에서 동작하는 GUIGraphic User Interface 응용 프로그램을 개발하기 위한 C++ 언어 기반의 라이브러리이다).

초기 요구 사항은 비교적 간단해서 업무명과 급한 정도, 중요도, 소요 시간 정도를 입력하면 이들의 우선순위에 따라 위 또는 아래로 리스트를 정렬해 주는 것으로 시작했다. 깔끔한 UI 창을 기본으로 해서 사용자가 쉽게 새 업무명과 각 점수들을 기입하면 리스트들을 자동적으로 우선순위에 따라 정렬하도록 했다. 이후 버전 1.0으로 배포했다.

첫 반응은 생각보다 좋지 않았다. 어떻게 사용해야 하는지 부연 설명이 필요했다. 이렇게는 도저히 배포할 수 없다고 판단한 후 사람들에게 솔직한 피드백을 받았다. 그리고 모은 추가 요구 사항들을 하나하나 반영했다. 먼저 UI에서 사용자가 점수의 기준이 굉장히 모호해서 어떻게 점수를 입력해야 할지 기준을 잡지 못하는 점을 개선하기 위해 점수를 숫자로 입력하기보다 스크롤 바를 사용해서 주관적으로 정할 수 있게 바꿨다. 또한 스케줄러에는 알람 기능이 필수적이라는 피드백을 반영해서 시스템 시간을 읽고, 사용자가 입력한 마감 시간이 있다면 이를 비교해서 미리 알려주는 기능도 추가했다. 마지막으로 현재 스케줄을 저장하고 불러오는 기능과 현재 스케줄을 외부로 추출하는 기능도 추가했고, 갑작스러운 프로그램 종료 시 지금까지의 스케줄이 저장돼 다음 번 실행 시 불러올 수 있도록 구현했다.

이렇게 버전 2.0으로 배포한 프로그램은 반응도 매우 좋았고, 실제로 활용도가 매우 높아 필자가 지금까지도 사용하고 있다.

\<개인 프로젝트로 Django 기반의 인스타클론+가계부 서버를 만든 경험\>

필자는 회사에서 웹 기반의 서비스를 만들어 본 적이 전혀 없었다. 그러나 생활하면서 연인이나 부부가 추억의 사진들을 웹상에서 공유하고, 여기에 생활비 지출 내역 등을 함께 공유할 수 있는 통합 웹 환경이 있다면 매우 유익할 것 같다는 생각이 들었다. 이미 다양한 프로그램들을 개발해 본 경험으로 자신감이 붙었기에 또다시 기본 지식 하나 없는 상태에서 개인 프로젝트로 인스타 복제를 공부했다.

가장 핵심적인 기능을 짧은 시간 내에 만들고자 장고Django라는 파이썬 기반의 무료 오픈 소스 웹 애플리케이션 프레임워크를 사용했다. Django는 웹 사이트를 구축할 때 회원가입, 로그인, 로그아웃과 같이 사용자 인증을 다루는 방법이나 웹 사이트의 관리자 패널, 폼, 파일 업로드 등 자주 사용되는 비슷한 유형의 요소들을 제공한다. 이런 기본적인 블록들은 처음부터 모두 구현할 수도 있다. 하지만 처음에는 큰 블록들을 조립하는 방법으로 프로그램들을 만들어보고, 이후 좀 더 심화적으로 공부하거나 개선하고자 하는 부분들을 직접 처음부터 다시 구현해 보는 것도 좋은 방법이다.

그래서 인스타그램과 유사한 웹 서버를 만들어서 잘 사용하지 않는 PC를 상시 켜두고 서버를 운영했다. 클라우드로 서버를 대여할 수도 있었지만, 서버 운영만큼은 전부 직접 해보면서 다양한 문제들을 해결하기 위해서였다. 이렇게 나만의 인스타그램을 만든 후에는 웹 서버에 가계부 기능을 추가했다. 가계부 기능은 사용자가 추가한 예산 사용 내역을 웹 사이트에 올리면 구성원들이 모두 내역을 공유해서 보고, 수정 또는 추가 및 삭제가 가능하도록 하는 기능이다. 이런 기능들을 구현하기 위해서는 Django 프레임워크를 이해해야 하고, 회원 계정 관리를 위한 SQLite 등의 데이터베이스 관리 방법 또한 공부해야 한다. 물론, 사진과 가계부 내역 또한 SQLite를 통해 데이터베이스에 추가 또는 수정 및 삭제가 가능해야 한다. 그리고 동작 중인 서버의 IP 주소 및 포트 번호에 쉽게 접근할 수 있도록 DNSDomain Name System에 대해서도 알아야 하고, 네트워크 시스템에 대해서도 이해하고 있어야 한다. 이는 데이터의 저장 및 관리, 네트워크 운용 등을 위한 백엔드 지식과 사용자의 사용성을 위한 프론트엔드 두 부분을 모두 공부할 수 있는 좋은 기회였다.

<개인 프로젝트로 인공지능 기반 사진 어플을 만든 경험>

누구나 거울 앞에서 어떤 스타일이 더 나을까 고민해 본 적이 있을 것이다. 그래서 어느 날, '인공지능이 미의 기준을 평가하고, 어떤 스타일이 더 좋을지 추천해 줄 수 있지 않을까?'라는 생각에서 이런 기능을 수행할 수 있는 프로그램을 구현해 보기로 했다.

기본적인 아이디어는 사람들이 객관적으로 생각하는 아름다운 남자, 아름다운 여자, 아름답지 않은 남자, 아름답지 않은 여자 사진들을 각각 그룹 지어 모으고, 인공지능 모델에 각 사진 분류 결과를 학습시키는 것이었다. 이때 특정 사람에 과적합되지 않도록 각 분류마다 최소한 20명 이상의 사람들이 들어가도록 했다. 또한 가수, 배우, 아이돌, SNS 유명인 등 다양한 계통에서 사람들이 선호하는 외모의

사람들과 일반적으로 선호되지 않는 외모의 사람들을 골고루 데이
터셋에 포함되도록 했다.

애초에 구동 기기를 모바일로 생각하고 있었기에 모바일에
서 가볍게 추론할 수 있도록 inception v3를 모델로 선정했고,
TFLite TensorFlow Lite를 사용해서 inception v3의 모델을 모바일용의
가벼운 모델로 변환했다. inception 모델은 구글에서 나온 유명한 컨
볼루션 신경망 중 하나이고, 주로 영상 인식 분야에서 많이 사용되고
있다. 적은 파라미터에서도 VGG 이상의 성능을 내기 때문에 모바일
과 같이 제한된 메모리에서 활용된다.

당시 필자가 안드로이드폰을 사용했기에 안드로이드를 타깃으로
잡았고, 이에 안드로이드 스튜디오상에서 자바 기반으로 네이티브
앱을 만들었다. 이 과정 역시 새로운 언어인 자바에 대해 공부해 볼
수 있는 소중한 기회였다. 이후에는 iOS도 타깃으로 하기 위해 아이
맥을 구매해서 XCode 등으로 작업하기도 했다.

물론, 누군가에게는 부족한 앱이었을지도 모른다. 좀 더 시장 조
사를 해서 디자인, 기능 면에서 개선된 앱을 만들었더라면 수익 창출
도 가능했을지 모르는 일이다. 그러나 필자에게 있어 당시 중요했던
것은 이 과정들을 통해 상상만 하던 아이디어를 구체화하고, 이를 직
접 구현해 봤다는 점에서 '불가능한 것은 없다.'는 개발 자신감이 생
겼다는 것이다.

<주가 흐름 정리해서 메시지 전송하는 프로그램 제작>

코로나 팬데믹 이후 양적 완화와 함께 시작된 투자 열풍에 힘입어 필자도 이와 관련된 호기심이 생겼다. '주가를 예측할 수 있을까?' 라는 호기심에서 주가라는 시계열 데이터를 순환 신경망을 사용해서 예측하고자 하기도 했고, 주가의 특정 패턴에 따른 실제 증감 여부를 자동 레이블화해서 데이터베이스로 구축하고 여러 모델로 학습을 시켜보기도 했으나 쉽게 예측되지 않았다. 어쩌면 인간의 심리, 기준 금리, 국제 정세 등 수많은 변수들이 어우러진 주가라는 것을 단순한 시계열 문제로 풀 수 없을지도 모른다. 하지만 '변수가 제한적인 조건하에서는 통계적으로 유의미한 승률로 대략적인 예측을 할 수 있지는 않을까?' 하는 생각에 지속적으로 연구하고 있다. 추후에는 트위터, 인스타그램 등의 SNS에서 빅데이터 자연어 처리를 통한 특성 추출을 통해 딥 러닝 모델의 입력으로 넣어 보는 시도도 해볼 예정이다.

이런 일련의 과정 끝에 최근에는 현재의 전체적인 시장 흐름을 종합적으로 정리해서 전체적으로 시장의 급등이 있거나 하락 장, 상승장, 횡보 장 여부에 대한 정보를 주기적으로 메신저를 통해 자동 전송하는 프로그램을 개발해서 개인적으로 사용 중이다. 많은 사람들이 매일매일의 삶에 바빠서 시장의 갑작스러운 변화를 알아채지 못하기도 하는데, 이렇게 객관적 시황 정보를 분석해서 자동으로 알려준다면 좀 더 유용할 것이라고 생각했기 때문이다.

7   왜 다들 대기업에 가고
       싶어 할까?

어떤 개발자는 대기업에 가기도 하고, 스타트업에서 일하기도 하고, 창업을 하기도 한다. 다양한 업종 및 기업에서 개발자의 수요는 날로 증가하고 있다. 이 중 대기업 개발자가 되고자 하는 수요는 여전히 많다. 개발자로 대기업에 입사하면 어떤 이점이 있는지 그리고 대기업에 개발자로 입사하고자 한다면 어떻게 준비해야 하는지 알아보도록 하겠다.

대기업 개발자의 하루

아침에 눈을 떠서 시간을 보니 9시 5분이다. 유연근무제 덕분에 통근 지옥을 겪을 필요가 없어 매우 좋다. 서울에 위치한 회사이기에 교통 체증이 우려될 법도 하지만, 다행히 회사 근처에 살고 있어서 매일 전기 자전거로 출퇴근을 한다. 오늘도 유튜브로 경제 뉴스를 들으면서 출근을 한다. 15분 남짓한 시간 동안 듣는 경제 뉴스는 하루를 집중력 있게 시작하도록 뇌를 자극한다. 회사에 도착해서는 먼저 캡슐 커피를 한 잔 마신다. 수십 가지의 다과들과 여러 종류의 캡슐 커피를 자유롭게 마음껏 먹고 마실 수 있어서 좋다. 개발자에게 카페인 수혈은 아침부터 시작될 업무의 시작을 준비하는 중요한 의식과 같다.

에어팟으로 LoFi 음악을 들으며, Jira에 새로 등록된 이슈들을 천천히 살펴본다. 동시에 이슈 각각에 소요되는 시간을 가늠해 보며, 우선순위를 정한다. 이슈 외에도 신규 개발해야 할 내용들을 점검하고, 개발 업무 외에도 관리 업무들을 살펴보며 오늘의 스케줄을 정한다. 스케줄러 프로그램을 켜서 중요도, 긴급도, 소요 시간을 입력한다. 3가지 지표를 가중 합한 점수로 하루의 스케줄 리스트가 정해진다.

일정을 정하고 보니 동료들도 출근을 마쳤다. 오늘은 오전에 그룹원들과 커피 타임이 있다. 사담도 하면서 신규 개발해야 할 로직에 대한 아이디어도 나눈다. 이렇게 잠깐 동안 갖는 커피 타임은 새로운 아이디어를 자유롭게 제안하고, 아이디어를 구체화하는 중요한 과정 중 하나이다. 정답이 정해져 있지 않은 문제들을 창의적인 방법으로 풀어내는 과정은 개발의 중요한 매력들 중 하나이다.

커피 타임이 끝나고 본격적으로 몰입의 시간이 시작된다. 에어팟의 노이즈 캔슬링을 켜고 LoFi 음악을 들으면서 천천히 몰입의 시간을 보낸다. 메신저의 '방해 금지'를 켜고 본격적으로 코딩을 하면 동료들도 몰입의 시간을 존중한다. 필요한 이슈들은 쪽지로 남겨두고, 급한 협업 요청은 협업 툴을 통해 요청해서 통화나 대면해 해결한다. 내일은 재택 근무를 할 예정이기 때문에 가급적 대면 회의는 오늘 해야 하지만, 다행히 오늘은 협업 요청이 없다. 오롯이 개발에만 몰입할 수 있는 시간은 행복한 시간이다.

한참 몰입하던 중 점심 시간이 됐다. 동료들과 사담을 나누며 구내 식당에 도착해서는 A, B 코스 중 어느 음식을 먹을지 고민한다.

오늘은 양식과 한식이 나왔다. 파스타와 김치찌개 코스 중 오늘은 파스타 코스를 선택한다. 점심을 먹으면서 때로는 아이디어에 대한 이야기를 하거나 사담을 한다.

오후에는 특허 상담이 있다. 특허 상담은 매달 진행되는데, 이때는 업무와 관련된 특허를 자유롭게 제안하고, 출원 및 등록되면 보상도 쏠쏠하다. 지난 주 밤에 샤워하던 중 갑자기 떠올랐던 아이디어를 메모해 두고, 이를 PPT로 작성해서 특허 상담을 진행했다. 다행히도 특허 상담이 잘 진행돼 구체화 및 특허 출원을 하기로 했다. 다시 자리로 복귀해서 오전에 작업하던 코드를 마무리 짓고, 신규 릴리즈 코드와 기존 브랜치에 변경 사항을 커밋한다. 오후 3시에는 반드시 함께 협업해야 하는 코어 타임 외에는 자유롭게 퇴근이 가능하다. 시간에 대한 자유가 있다는 것에 만족하며, 오늘 업무를 종료하고, 내일의 재택 근무를 위해 재충전의 시간을 갖는다.

개발자로 느끼는 장점들은 정말 많다. 시간 관리를 자유롭게 할 수 있다는 점, 논리적으로 사고하고 열린 마음을 가진 동료들과 이야기할 수 있다는 점, 마음껏 개발을 할 수 있다는 점, 매일 새로운 지식을 배울 수 있다는 장점까지도 있다. 무엇보다 어떤 문제에 직면해도 시간만 주어지면 시뮬레이션을 돌리든 프로그램을 만들든 해서라도 해결할 수 있다는 자신감이 생긴다는 점이 매우 좋다.

물론, 개발을 하다 보면 간혹 데드라인이 다가올 경우 늦게까지 열심히 코딩을 하기도 한다. 그러나 자발적으로 시간을 쏟으며 일을 하고 불필요하게 눈치 보며 늦게까지 남아 있지 않는 문화, 재택 근무 등의 시스템은 시간의 자유를 느끼게 해준다.

업무 또한 창의적인 영역도 많고, 개인의 성장에 큰 도움이 되는 경우가 많아 만족감을 준다. 물론, 개발자가 되기 위한 지식들을 축적하고, 지속적으로 신기술을 공부해야 한다. 주도적으로 자신이 공부하고 성장할 수 있다면 그 과정이 결코 고통스럽지 않고, 오히려 즐거운 과정이 될 것이라고 확신한다.

대기업에서 일하는 것의 장점들

개발자는 다양한 곳에서 일을 한다. 필자는 현재 근무하고 있는 기업을 중심으로 어떤 장점들이 있는지를 살펴보도록 하겠다. 물론, 모든 대기업으로 일반화할 수는 없지만, 많은 대기업들에서 공통적으로 갖고 있는 장점들이라고 생각하는 것들을 열거했다.

<대기업의 장점 1: 사고 발생 시 귀책을 묻기보다는 재발 방지에 집중하는 문화>

대기업에서는 업무를 진행하다 발생하는 사고에 대해 개인에게 귀책을 묻기보다는 어떻게 해야 이런 일이 재발하지 않을지에 대해 고민한다. 사고 재발 방지 대책 또는 시스템 구축 등을 통해 사람의 실수로 같은 상황이 발생하지 않도록 미연에 방지한다.

우리 회사의 경우 자율주행 로직을 개발하다 보면 상상할 수 있는 상황들에 대해 대처할 수 있는 로직을 개발했다고 하더라도 상상 이상의 상황이 겹치게 되면 예상치 못한 문제가 발생해서 사고로 직결될 수 있다. 이런 경우 해당 원인을 상세히 밝히지만, 이후 단순히 사고와 연관된 로직 개발자를 징계하거나 배척하는 형태로 문제를 해결하지는 않는다. 그렇게 되면 누구도 정답이 정해져 있지 않은 문제들을 해결하기 위해 도전적인 정신으로 로직을 개발하려고 하지 않을 것이기 때문이다. 오히려 해당 문제와 잠재적인 파생 문제들을 낱낱이 살펴서 미연에 사고를 방지하는 데 더 많은 리소스를 사용한다.

<대기업의 장점 2: 협업 툴을 사용한 업무 협업>

대기업은 구조상 개발 팀의 규모가 큰 경우들이 많기에 다양한 협업 툴들이 필수적으로 사용된다. 예시를 하나 살펴보자. 만약 여러분이 자동으로 우선순위를 정해주는 스케줄러 프로그램을 만드는 새 프로젝트에 배정됐다고 가정해 보자. 그런데 팀원들이 어떤 문제에 고군분투하며 움직이고 있다. 사수에게 상황을 묻자 사수는 현재 프로그램의 우선순위 간에 충돌이 일어나서 해결하느라 다들 바쁘다고 설명하지만, 여러분은 도대체 왜 우선순위를 정하는 기능이 추가된 것인지, 충돌의 원인이 무엇인지 파악하기 힘들다.

이때 필요한 것이 바로 협업 툴이다. 협업 툴을 사용하면 최초 문제부터 연관 문제, 개발 목표, 개발 중 문제들 등 문제 및 개발에 대한 이력을 살펴볼 수 있다. 뿐만 아니라 자연스럽게 해결 과정을 파악하기 용이하다. 다양하게 발생하는 문제들을 빠르게 파악하고, 필요 시 인원들을 배정해서 문제를 참조하도록 할 수도 있으므로 팀 규모가 커짐에 따라 필수적으로 사용되는 툴이다. 이런 툴을 사용해 본 사람은 추후 다른 팀에서도 대규모 프로젝트에 참여하기가 쉽다.

<대기업의 장점 3: 버전 관리 시스템의 사용>

협업 툴뿐만 아니라 대규모 팀에서는 반드시 버전 관리 시스템도 사용하게 된다. 다시 예시로 돌아가서 여러분이 스케줄러 프로그램에서 알람 기능을 추가하는 역할을 맡았다고 가정해 보자. 열심히 코드를 작성해서 완성본을 들고 갔으나, 알고 보니 중간에 기능이 추가돼 우선순위 10위 밖에 있는 스케줄에는 알람을 울리지 않도록 해야 한다는 것을 알게 됐다. 여러분은 다시 우선순위 기능이 있는 프로그램을 다운받아서 여러분이 추가했던 기능과 맞물리도록 새로 코드를 수정해야 하는 위기에 봉착한다.

버전 관리 시스템이 없을 경우 이런 상황은 아주 빈번하게 등장한다. 버전 관리 시스템은 누가 어떤 내용을 언제 작성했는지 확인해 줄 수 있도록 변경점을 관리해 주는 소프트웨어를 말한다. 코드가 수정된 시점에 태그를 달아 버전을 표시함으로써 변경점 관리뿐만 아니라 여러 버전의 코드들로 분화할 수 있게 해주고, 코드에 문제가 생겼을 때 특정 시점으로 복구할 수 있도록 해주기도 한다. 또한 어떤 내용이 수정됐는지를 모두에게 공유해 줄 수도 있어 대규모 팀에서는 필수적으로 사용되는 툴이다.

이런 기능들을 사용하지 않고 개발할 경우 중복 개발, 버그가 있는 코드상에서 계속 작업을 하는 등 개발 시 고질적으로 등장하는 복합적인 문제들이 발생할 수 있다. 필자는 여러 사람들과 작업할 때 뿐만 아니라 혼자서 작업할 때, 카페나 집에서 고성능 PC로 작업할 때, 임시로 외부 PC에서 작업할 때도 개발의 흐름이 끊기지 않도록 GitHub에 코드를 커밋하고, 다시 불러와 사용하곤 한다.

<대기업의 장점 4: 체계적인 소프트웨어 테스트 수행>

프로그램을 만드는 것 이상으로 중요한 것이 바로 테스트이다. 한 번쯤은 프로그램을 사용하다가 갑작스럽게 오류가 뜨면서 강제 종료된 경험이 있을 것이다. 이런 오류를 겪게 되면 프로그램에 대한 신뢰도가 확 떨어진다. 이런 프로그램의 오류들을 어떻게 미리 파악할 수 있을까?

1969년, 인간이 내린 우주선 제어 명령을 컴퓨터가 종합적으로 판단해서 안전하다고 여길 경우에만 실행에 옮기는 '플라이바이 와이어 시스템' 코드에는 버그가 없다고 한다. 이를 만든 엔지니어 마가렛 해밀턴의 위대함이 느껴지는 대목이다. 요즘에는 1960년대와 달리, 다양한 테스팅 프로그램들이 있다. 코드의 실제 실행 없이 자동화된 툴을 사용해서 잠재적 오류를 분석하는 정적 분석 프로그램, 코드 실행 중 나타나는 문제들을 분석하는 동적 분석 프로그램도 그중 하나이다.

소프트웨어 테스트 방법론도 다양하다. 코드를 모른다는 가정하에 입력과 출력 기반으로 수행하는 블랙 박스 테스트에서는 입력에 올바른 값과 올바르지 않은 값을 넣어서 테스트하거나 입력을 동등

하게 쪼개어 대표 값을 입력해서 테스트하거나 입력의 경계를 테스트하거나 Decision Table을 사용해서 입력값을 결정한 후 테스트하기도 한다. 코드를 안다는 가정하에 수행하는 화이트 박스 테스트에서는 모든 코드가 한 번은 실행되게 테스트하거나 조건문의 true, false 조건들을 모두 넣어서 테스트하는 등의 방법을 적용한다. 필자가 언급한 테스트 방법 외에도 다양한 자동화된 툴을 사용해서 테스트가 수행되는데, 프로그램에 대해 더 깊이 있게 이해하고 있는 테스터가 테스트할수록 소프트웨어의 품질이 높아진다. 이런 소프트웨어의 품질에 중요한 역할을 하는 테스트 방법들을 익힐 수 있는 기회는 흔치 않은 소중한 기회이다.

<대기업의 장점 5: 도메인 지식을 익힐 수 있다>

앞서의 경험들은 소프트웨어 개발에 있어 매우 중요한 것이다. 이같은 소프트웨어 개발 외에도 분야에 따라 도메인 지식을 함께 익힐수도 있다. 필자의 경우 소프트웨어 개발에 대한 필수적인 요소 외에 자율주행 분야에 대한 도메인 지식을 자연스럽게 익힐 수 있었다. 인공지능에 대한 원리, 센서의 동작 원리와 신호 처리 방법, 노이즈가 가득한 데이터를 효과적으로 처리하는 방법, 자율주행 전략 결정 방법부터 통신 프로토콜 등 다양한 분야들에 대한 도메인 지식을 연구하면서 익히게 된다. 이런 경험들은 학교에서 자세히 배우기 힘든 값진 지식이고, 소프트웨어 개발 지식과 시너지를 일으켜 전문성을 두배, 세 배 이상으로 성장시키는 원동력이 된다.

<대기업의 장점 6: 양질의 교육을 마음껏 받을 수 있다>

직무 교육을 통해 필요한 소프트웨어 기술을 배울 수 있을 뿐만 아니라 각종 사내 복지 시스템을 통해 원하는 책을 읽거나 연계된 학습 기관을 통해 수업을 들을 수도 있다. 회사에서도 직원들의 자발적인 학습을 통해 우수한 인재를 확보할 수 있고, 사원들은 지속적인 학습을 통해 커리어의 발전과 스스로의 성장을 도모할 수 있어 서로 윈윈할 수 있는 전략이다.

대기업 개발자가 되기 위해서는 어떻게 준비해야 할까?

시가 총액 상위 50개 기업 인재상 키워드 분석에 따르면 대기업의 인재상 공통 키워드는 도전, 혁신, 존중, 소통과 협력, 창의 등이었다. 실제로 SK텔레콤은 '스스로의 행복을 바탕으로 자발적이고 의욕적으로 도전하는 패기 있는 인재', LG전자는 '고객을 최우선으로 생각하고 끊임없이 혁신하는 사람', 현대자동차는 '도전, 창의, 열정, 협력, 글로벌 마인드로 그룹의 핵심 가치를 실천할 수 있는 인재'를 꼽고 있다.

다소 겹치는 부분도 있고, 조금씩 차이 나는 부분도 있다. 공통적인 부분은 기본적 소양으로 받아들여 학업이나 프로젝트 등에서 자질을 발휘한 예시들을 언제든 적거나 말할 수 있도록 준비하면 좋다. 차이 나는 부분은 해당 회사를 지원할 때 좀 더 구체적으로 준비하는 것이 좋다. 이는 회사별로 중시하는 부분에 차이가 있을 수 있기 때문이다. 실제로 어떤 회사에서는 주변 사람들과 잘 소통하고 융화하는 능력을 지닌 사람을 필요로 하고, 어떤 회사에서는 도전적이고 창의적인 사람을 필요로 한다. 따라서 특정 회사를 목표로 한다면 해당 기업에 대한 철저한 조사는 필수적이다.

특히 대기업의 프로그래머가 되고자 한다면 이런 요소들 외에도 실무적인 감각이 매우 중요하다. 실무적인 감각이란 현업에 언제든 뛰어들 수 있는 자질이기도 하다. 회사 입장에서도 새로 처음부터 교육시켜야 하는 사람보다는 당장 현장에 빠르게 적응해서 기여할 수 있는 사람을 원한다. 이는 경력직에만 국한된 것이 아니다. 신입사원이라고 하더라도 최근에는 공채보다는 산학 연계, 인턴 등 실무 경험이 있는 지원자를 더 선호한다.

이런 실무적인 감각은 어떻게 키울 수 있을까? 만약 해당 관련 학과를 전공하고, 해당 학과에서 산학으로 연계해서 연구를 진행한다면 해당 산학 연구에 참여하는 것도 좋은 방법이다. 또 다른 방법은 인턴에 참가하는 것이다. 인턴 과정에서 실제 현업과 관련된 문제를 풀어볼 수 있고, 본인이 정말 지원하고자 하는 회사와 맞는지도 살펴볼 수 있다. 또한 팀원들과 대화하면서 팀에서 진정 원하는 사람이 어떤 사람인지를 더 자세히 파악할 수도 있다.

만약 비전공자라면 위 사항들에 해당되지 않는다. 이 경우에는 어떻게 해야 할까? 이때는 프로젝트에 참여하는 것을 추천한다. 이를테면 GitHub에서 오픈 소스에 참여하거나 소모임, 네이버 카페 등에서 오프라인 모임에 들어가 직접 대면하며 작업하는 방법이다. 구글에 'GitHub 오픈 소스 참여'라고만 검색해도 친절하게 튜토리얼들을 안내하는 블로그들이 많으므로 이를 따라하면서 천천히 오픈 소스 참여 방법을 익히도록 한다. 오픈 소스에 참여하게 되면 기여자로서 본인의 커리어에 남길 수 있다는 점도 일석이조이다. 이렇게 다른 사람과 함께 프로젝트를 하면서 버전 관리나 문제 관리부터 코딩 컨벤션이나 호환성에 대한 이해까지 할 수 있다. 이런 요소들은 추후 대규모의 프로그램 제작 시 바로 현장에 투입돼 프로젝트에 기여할 수 있는 기회를 늘려준다.

만약 프로젝트에 한 번도 참여하지 않아 선뜻 용기가 나지 않는다면 가장 먼저 혼자서 프로젝트를 수행해 보는 것을 추천한다. 필자의 경우에도 스스로 필요한 프로그램들을 구상해 보고, 이를 익숙한 언어와 새롭게 배우는 언어로 만들어 보는 연습을 통해 프로그래밍 연습을 했었다. C/C++는 업무를 통해 지속해서 사용하고, 파이썬Python은 사무 자동화나 일상에서의 웹 크롤링, IoT 활용, 주가 예측, 자동 메시지 전동 등 다방면으로 프로그램들을 제작하면서 익숙해졌다. 특히 지인들이 필요로 하는 프로그램들을 무료로 제작해 주면서 요구 사항을 파악하고, 프로그램을 구현해서 운용 및 버그 수정까지 배울 수 있었다.

이렇게 배운 프로그래밍 기술은 다양한 재능마켓(프리랜서마켓)들에서 활용해서 프로그램을 제작해 판매하는 데도 사용할 수도 있다. 다양한 언어들을 다룰 수 있게 되면 프로그램별 언어 요건을 쉽게 맞출 수 있어 좋다. 재능마켓에서 필요로 하는 프로그래밍 언어 조건을 맞추기도 쉽고, 프로그램이 동작하는 하드웨어 사양 조건을 만족시키기 위해 사용되야 하는 언어 조건을 맞출 수도 있다.

이와 같이 실무적인 감각을 키울 수 있는 방법들은 다양하고, 실무적인 감각을 키우는 과정 하나하나가 모두 개발자의 커리어가 될 수 있기 때문에 유익하다.

8 개발자의 커리어 퀀텀 점프를 위한 경험들

개발자의 또 다른 커리어 개발, 특허 출원

필자의 회사에서는 매년 특허를 작성한 연구원 중에서 특허왕을 뽑는다. 보통 사람들은 특허를 작성한다고 하면 정말 기발한 아이디어가 있어야만 할 수 있다는 강박관념 때문에 잘 시도하지 않는다. 물론, 특허 작성에는 신규성, 진보성을 충분히 인정받을 만한 아이디어가 필요한 것은 사실이나, 직무 발명에 대해서는 개인이 갖고 있는 직무에 대한 도메인 지식이 커다란 무기가 돼 좀 더 수월하게 특허를 작성할 수 있다.

본인의 담당 업무에서 어느 정도 경험이 쌓이면 그 분야에서 만큼은 남들에 비해, 도메인 지식이 쌓일 것이다. 이때 해당 분야에서 조금이라도 개선이 가능한 부분이 있을 때 좀 더 깊이 있게 방법을 구체화하고, 자주 사용되는 특허 차별점들을 위주로 기술을 서술한다면 승산이 더 커진다.

개발자라면 연산 시간과 메모리 사용을 줄일 수 있다는 것을 포인트로 잡을 수도 있고, 제안 건이 딥 러닝이나 머신 러닝 모델이라면 모델의 추론 정확도를 높이기 위한 입력 특성Feature들의 효과적인 선별 방법을 포인트로 잡을 수도 있다. 제안 건이 특정 문제를 해결하고자 하는 알고리즘이라면 연산 시간과 메모리 관점이나 문제 해결 성능의 향상 관점에서 서술하는 것도 가능하다.

대규모의 회사에서는 특허법률사무소와 지식 재산 관련 팀이 개발 팀과 협업해서 특허를 발굴하기도 한다. 만약 이런 좋은 기회가 있다면 적극적으로 핵심적인 아이디어를 정리해서 변리사나 지식 재산 관련 팀에 잘 설명하도록 한다. 이때 구체적인 특허명세서는 특허법률사무소를 통해 작성을 진행하면 보다 효과적으로 특허를 작성할 수 있다.

특허는 작성하면 할수록 작성하기가 더 수월해진다. 기존에 작성해 둔 특허 아이디어의 변형을 통해 새로운 아이디어로 구체화시킬 수도 있고, 아이디어 설명을 위한 도면 작성 시 기존 도면의 변형을 통해 더 짧은 시간이 소요되기도 하기 때문이다. 뿐만 아니라 특허의 핵심이 되는 부분들을 더 빠르게 파악할 수 있고, 추후 작성 시에도 이런 부분을 위주로 작성에 힘을 실을 수 있기 때문이다.

처음 필자가 특허를 작성할 때 가장 어려웠던 부분은 특허의 핵심 포인트를 잡는 일이었다. 개발자 입장에서는 해당 기술이 매우 독창

적이고, 그 성능이 뛰어나다고 생각할지 몰라도 특허 관점에서는 기존 기술의 변형 및 조합으로 보일 수도 있다. 때로는 특허 침해 여부를 판단할 수 있는 방법도 제시할 필요가 있다. 결국 특허를 작성하는 이유는 권리를 주장하기 위함이므로 타 회사에서 특허를 무단 사용했을 경우도 가정해야 하기 때문이다. 이를 위해 청구항을 어느 정도로 구체적, 포괄적으로 가져가야 하는지를 결정하는 것도 역시 중요한 포인트이다.

학회 참관을 통한 동기 부여

개발을 하다 보면 반복되는 일상에 어느 순간 정체되는 느낌을 받기도 한다. 이럴 때는 학회 참관이 하나의 동기 부여가 될 수 있다. 필자도 반복되는 대학원 생활에서 논문 작성과 학회 경험이 많은 도움이 됐다. 학회에서 동일 분야를 공부하는 학생들, 교수님들의 열정과 새로운 분야의 발전을 보면서 강한 동기 부여를 받았던 기억이 있다. 회사에서도 학회 참관의 기회가 열려 있다. 자신이 개발하고 있는 분야와 관련된 학회에 참석해서 산업계나 학계에서 중점적으로 다루는 문제들의 차이점도 파악하고, 최신 연구 분야의 동향을 파악하는 것은 연구자로서 아주 값진 기회이다. 물론, 그 과정에서 개발에 자신감도 붙고, 동기 부여도 되는 것은 일석이조이다. 만약 학회 참관 시 관심 있는 포스터나 논문이 있다면 직접 저자에게 질문을 함으로써 논문이나 포스터에는 드러나지 않는 실험 내용이나 모델의 한계점 등을 살펴볼 수도 있다.

9 인공지능 시대, ChatGPT 시대에 개발자로 어떻게 살아남아야 하나?

최근 필자가 출판한 『개발자를 위한 ChatGPT 활용법』 책에서는 인공지능 시대, ChatGPT 시대에 개발자 커리어를 키우기 위한 전략적인 방법들을 다뤘다. 자세한 사례로 ChatGPT가 얼마나 많은 개발자의 업무들을 도울 수 있는지를 소개했는데, 작은 모듈들의 구현은 일반적인 주니어 개발자 이상의 퍼포먼스를 보이고 있고, 문서화, 리팩토링 등 다양한 업무에도 큰 도움이 된다고 했다. 미래가 아닌, 지금 이 순간 인공지능이 주니어 개발자마저 대체할 상황에 놓인 것이다.

이런 시대에 개발자가 되고자 한다면 기존과는 다른 전략이 필요하다. 전에는 프로그래밍 언어를 자세히 외우고 있고, 기본적인 기능 구현을 잘하며, 기계어도 깊이 이해하는 개발자가 고급 개발자였으나, 요즘은 다르다. 프로그래밍 언어는 모두 거대 언어 모델이 이해하고 있고, 심지어 개발 언어들을 섭렵해서 새로운 종류의 언어도 거대 언어 모델이 창조하기 시작했다(GPT-4가 설계한 이 새로운 프로그래밍 언어는 'TenetLang'이라고 불리는데, https://lukebechtel.com/blog/gpt4-generating-code 에서 자세히 확인해 볼 수 있다).

이에 필자는 다음 10가지 전략을 따름으로써 개발자 모두가 자신의 기술을 향상시키고 새로운 시대에 적응할 수 있도록 제안한다.

전략 1.
AI를 더 적극적으로 수용하는 것을 넘어 AI와 협업하자!

AI 도구를 이해하고 활용하면 개발자의 생산성이 크게 향상돼 더 스마트하고 효율적으로 작업할 수 있다. 개발자들이 자주 사용하는 방법론인 '나누고 정복하라Divide and Conquer!'는 여기에도 활용된다. 일단 코드를 개발한다면 작은 모듈들로 나눠라. 작은 모듈들은 ChatGPT를 활용하면 쉽게 구현할 수 있다. 코드 리팩토링이나 문서화도 ChatGPT를 활용하면 손쉽게 수행할 수 있다. 자세한 내용은 필자의 저서 『개발자를 위한 ChatGPT 활용법』을 꼭 읽어보기를 추천한다.

전략 2.
인간 중심의 기술을 개발하자!

강력한 커뮤니케이션, 문제 해결, 공감 능력을 키우면 개발자는 인간 고유의 자질을 발휘해서 AI와 차별화될 수 있다. 결국 프로그램을 만드는 것도 '인간에 대한 이해'에서 시작하기 때문이다. 프로그램 설계 시 가장 먼저 하는 것이 무엇인가? '요구 사항 도출'이다. 그리고 이 요구 사항은 결국 '인간에 대한 이해'로부터 시작된다. 소비자와의 커뮤니케이션을 통한 효과적인 요구 사항 도출, 사람과의 문제 해결, 공감 능력을 통한 서비스 개선 등 결국 기술의 중심은 인간이어야 한다. 인공지능, 거대 언어 모델들은 이런 인간 중심의 기술 발전을 더 가속화시키는 데 유용한 도구가 될 것이다.

전략 3.
평생 배우자!

필자는 새로운 기술을 배우는 것을 매우 좋아해서 개발자가 됐다. '개발자' 하면 떠오르는 장점이자 단점인 부분이 바로 이 '평생 학습해야 하는 운명'일 것이다. 하루가 멀다고 빠르게 급변하는 기술을 따라잡기 위해서는 매일 논문을 읽고, 코드를 구현해 보며, 새로운 기술에 관심을 가져야 한다. 즉, 빠르게 진화하는 업계에서 개발자가 관련성을 유지하려면 변화에 열린 자세를 취하고 필요할 때는 빠르게 방향을 전환하는 것이 필수적이다. 지속적인 성장과 교육은 이런 평생 학습에 필수적이라는 점을 인식하고 최신 프로그래밍 언어와 프레임워크에 대한 최신 정보에 노출돼 매일같이 공부해야 한다.

전략 4.
창의력에 집중하자!

창의적인 사고와 혁신을 통해 AI만으로는 도출할 수 없는 독특한 솔루션을 개발할 수도 있다. AI는 기본적으로 '통계적으로 좋은 답'을 잘 내놓는다. 왜냐하면 '잘 동작하는 모델'이라 함은 결국 우수한 일반화 성능(처음 보는 데이터에 대해서도 기존에 학습했던 것처럼 문제를 잘 푸는 능력)을 달성하는 모델을 의미하며, 우수한 일반화 성능을 달성하는 모델들은 Outlier를 어느 정도 걸러내고, 데이터셋에 있었던 더 중요하고 일반적인 내용들을 잘 기억하기 때문이다.

재미있게도 인간은 고수가 될수록 이런 '일반적인' 것과는 거리가 멀어지는 경향이 있다. '특이하다'라는 것은 Outlier에 가까운 데이터 경향성을 갖는데, 고수의 특이함은 Outlier보다는 '일반성'을 탄탄한 기본기로 갖춘 상태에서 추가로 가미한 '특별함'이기 때문이다. 이렇게 탄탄한 기본기인 일반성을 90% 갖춘 상태에서 남들과 다른 10%의 특별함을 갖추는 것이 바로 '창의력'이 아닐까 생각한다. 이런 창의력 역시 90% 탄탄한 기본기가 밑거름이 돼 나타난다. 따라서 항상 기본에 충실하고, 여기서 뭔가를 바꿀 수 없을까를 늘 고민하는 자세를 가져야 할 것이다.

전략 5.
인간 중심적인 디버깅을 마스터하자!

개발자가 고품질 소프트웨어를 유지하려면 코드에서 오류를 식별, 발견 및 수정할 수 있는 능력을 개발하는 것이 중요하다. 아무리 디버깅 툴들이 좋아졌다고 할지라도 지금까지 항상 사람이 필요했다. 그 이유는 코드 생산의 주체가 사람이기에 '휴먼 에러(사람의 실수로 인한 코드 오류)'가 존재하기 때문이다. 때로는 네이밍 이슈 때문에 발생하기도 하고, 요구 사항 오류나 함수 인터페이스의 오해로 발생하기도 한다.

이런 휴먼 에러를 근본적으로 없애기 위해서는 인간이 코드를 작성하지 않아야 하지만, 이는 단기간에 이뤄지기 쉽지 않을 것으로 예상된다. 프로그램을 만드는 과정(예: 요구 사항 도출, 수정 등)에 사람에 대한 이해가 들어가기 때문이다.

이런 상황에서 다양한 원인들이 존재하는 버그 발생을 막는 데 앞으로 인공지능이 많이 활용될 것이며, 사람은 복잡한 코드를 전수 조사하기보다는 인공지능을 활용해서 스마트하게 디버깅을 수행하지 않을까 예상된다. 그러기 위해서는 탄탄한 디버깅 능력을 미리 갖춰놓아야 한다. 그리고 이런 능력은 수많은 디버깅을 통해 기를 수 있다. 물론, 많은 디버깅을 해보려면 코드를 많이 짜봐야 한다.

전략 6.
데이터 관리를 배워라!

데이터베이스와 빅데이터에 대한 지식을 쌓으면 개발자의 가치가 높아져 조직에 없어서는 안 될 자산이 될 수 있다. 특히 최근에는 딥 러닝 열풍이 불면서 더욱 데이터 관리에 대한 중요성이 커지고 있다. 필자도 업무에서 대부분의 시간을 데이터 관리에 쏟는다. 데이터 취 득을 자동화하는 일, 취득된 데이터를 정제 및 전처리하는 데 상당한 시간이 소요된다. 데이터 양이 많을수록 이런 과정들을 모두 자동화 해야 하는데, 이 과정에서 예외적인 데이터를 항상 잘 골라야 한다. 여기서 많은 경험과 노하우가 활용된다. 최근에는 다양한 데이터 관 리 툴들과 라이브러리들이 개발돼서 과거보다 확실히 편해졌다. 그 러나 이 역시 데이터에 대한 지식과 이해 없이는 단순한 툴 사용에 불과하다. 데이터과학에 대해 분야를 가리지 않고 다양하게 공부하 는 습관이 역시 중요하다.

전략 7.
AI 기술을 연마하자!

머신 러닝, 딥 러닝에 대한 전문 지식은 이제 개발자에게는 필수 가 됐다. 기존에 규칙 기반으로 수행하던 일들도 머신 러닝 테크닉들 이 많이 접목돼 활용되고 있고, 알고리즘 기반으로 동작하던 수많은 컴퓨터 비전 연구들도 딥 러닝 네트워크 연구들로 대체되고 있다. 작곡 분야에도 생성 모델들이 진입하기 시작했다. 디자인만큼은 인간의 영역이라 치부하던 시대도 변화하고 있다. Stable Diffusion, 미드저니, DALL-E 2 등 다양한 생성 모델들의 등장으로 디자인 업계에는 큰 지각변동이 일어나고 있다. Copilot X가 출시돼 작은 모듈들이 거대 언어 모델로 만들어지는 시대이다. 연구에서도 데이터 분석은 이제 선택이 아니라 필수이다. 데이터 전처리, 취득, 정제, 분석 전 과정에 데이터과학이 활발하게 활용되고 있다. 오히려 어떤 분야든 딥 러닝이라는 키워드가 들어가지 않으면 트렌디하지 않은 연구라는 분위기가 생길 정도이다. 물론, 변화에는 진통이 따른다. 하지만 이 변화의 진통을 현명하게 이겨낼 수 있는 여러분이라면 앞으로의 또 다른 변화에도 잘 적응할 수 있을 것으로 기대된다.

전략 8.
민첩성을 유지하라!

애자일 개발 방법론을 들어 봤는가? '애자일Agile'은 '기민한, 날렵한'이란 뜻으로, 일정 주기를 갖고 지속 검토해 가며 필요 시 요구 사항을 추가 및 수정하면서 점차 개발을 완성해 가는 개발 방법론이다. 어떤 방법이 정답인지 모를 때는 다양한 프로토타입을 만들어서 테스트해 보는 것이 가장 쉬울 수 있다. 이런 방법을 체계화한 것이 에자일 개발 방법론이다. 빠르게 급변하는 요구 사항을 수행하는 데 안

성맞춤인데, 지금처럼 기술이 빠르게 발전하고 수많은 코드들이 거대 언어 모델로 작성될 수 있는 환경에서는 더욱 많이 활용될 것으로 기대된다.

이런 환경에서 우리가 개발자로서 가져야 할 자세는 무엇일까? 주요 애자일 방법론 중 스크럼Scrum에서 추구하는 5가지 가치가 있다. '용기, 집중, 확약, 존중, 정직'이다. 팀의 목표가 바른 길로 가기 위해 모두가 도전에 대한 용기를 갖고(용기), 팀의 목표를 달성하기 위해 집중하며(집중), 팀 목표 달성을 위해 개인이 설정한 약속을 지키며(확약), 팀원들의 차이를 이해하고 존중해야 하며(존중), 자신에게 불리하더라도 팀을 위해 모든 개발 내용을 투명하게 공개해야 한다(정직)는 내용이다.

이런 덕목들을 평소 그룹 프로젝트들을 통해 점차 익히고, 항상 민첩성을 유지한다면 인공지능이 빠르게 개발 방식을 바꿔가는 시대에도 빠르게 잘 적응할 수 있고, 주도적으로 변화의 물결을 이끌어 갈 수 있을 것이다.

전략 9.
사용자 경험에 집중하자!

앞서 언급한 것처럼 개발의 핵심은 '인간에 대한 이해'이다. 잘 만든 프로그램은 결국 고객이 느끼는 효용을 최대화시켜 주는 프로그램이다. 이 효용 가치는 고급 프로그래밍 기법을 통해 안정적이고 빠르게 동작하는 프로그램을 통해 일부 전달될 수도 있지만, 가장 중요한 것은 사용자가 느끼는 감동이다.

A라는 프로그램은 고급 기법을 사용해서 최적화됐으나, 사용자에게 불필요한 기능만 잔뜩 들어 있다고 가정해 보자. B라는 프로그램은 덜 최적화됐고 흔한 라이브러리를 차용했지만, 사용자가 딱 원하는 기능들이 들어 있다고 가정해 보자. 과연 어떤 프로그램이 더 좋은 프로그램일까? 가치 판단의 영역일 수 있으나, B 프로그램이 사용자에게는 더 큰 효용을 줄 수 있다.

인공지능은 A라는 프로그램을 사람보다 잘 만들 수도 있지만, B라는 프로그램을 만들기 위해서는 '인간에 대한 이해'가 필요하다. 물론, B라는 프로그램에 A라는 프로그램처럼 고급 기법도 적용하고 안정적이고 빠르게 동작할 수 있게 한다면 더 좋을 것이다. 그러나 이 경우에도 '인간에 대한 이해'가 필요하다. '사용자 경험'이 중요한 이유이다.

전략 10.
반복적인 작업은 자동화하는 습관을 들이자!

AI를 활용해서 수동적이고 반복적인 작업을 줄이면 개발자는 복잡한 문제 해결과 고부가가치 작업에 집중할 수 있다. 이미 간단하게 파이썬Python을 통해 자동화 알고리즘을 코딩하는 것부터 RPARobot Process Automation 솔루션을 사용하는 등 다양한 자동화 방법이 존재한다. 필자도 업무 자동화를 많이 사용한다. 웹 크롤러를 통한 데이터 자동 취득, 머신 러닝 테크닉을 사용한 데이터 자동 분류, 컨볼루션 신경망을 활용한 이미지 자동 감지, Python으로 반복 업무 자동화 코드 작성 등 다양한 분야에 활용하고 있다.

처음에는 굉장히 대단하고 어려워 보이지만, 막상 해당 분야를 조금만 공부하면 간단함에 놀랄 것이다. 모든 논문들은 공개돼 있고, 모든 코드들도 깃허브에서 한 번만 클릭하면 다운받아 실행할 수 있다. 코드 구조만 눈에 익히고 나면 자신의 프로세스에 바로 모듈로 떼다가 붙여 접목시킬 수도 있다. 이 역시 한두 번 하다 보면 점차 쉬워진다. 연구를 하면서 항상 되새기는 것이 "거인의 어깨 위에 올라타라."라는 명언이다. 이미 멋진 연구들은 수많은 똑똑한 연구자들에 의해 연구돼 있다. 그것을 사용하는 것은 새롭게 연구하는 것에 비해 훨씬 쉽다. 지금은 그 어느 때보다도 연구된 내용을 활용하기 좋은 시대이다. 모든 연구 논문과 코드가 공개돼 있기 때문이다. 이런 상황인데도 자신의 업무 자동화에 활용하지 않는다면 오히려 낭비이다. 더욱 적극적으로 최신 연구들을 접목시키는 훈련을 지속한다면 앞으로의 기술 발전이 두려움이 아닌, 설렘으로 가득할 것이다.

이 같은 개발자를 위한 제안들을 잘 지킨다면 은퇴까지, 아니 은퇴 이후에도 계속해서 현역 개발자로 활동할 수 있을 것이다. 위기는 기회이다. 위기처럼 보이는 이 시기에 누구보다 빠르고 현명하게 대응한다면 기회의 순간으로 기억하는 날이 올 것이다.

10   에필로그

필자가 대학원 생활을 할 때 처음 배우는 프로그래밍 언어를 사용해서 프로젝트를 진행했던 적이 있었다. 필자는 컴퓨터공학을 전공하지도 않았고 코딩을 많이 해보지도 못했으며 앞으로 코딩으로 먹고살 것도 아닌데, 쓸모 없어 보이는 코딩을 왜 해야 하는지 불만이었다. 당시 대부분의 학생들은 해당 언어를 잘 알고 있었다. 당연히 필자에게는 막막한 프로젝트로 느껴졌다. 이틀 밤을 새워 문제를 풀려 해도 언어조차 모르는데 어떻게 풀어야 할지 절망적이었다. 프로그래밍 언어만 봐도 공포가 느껴졌다.

해당 수업을 같이 듣던 연구실 선배에게 조언을 구했다. "정말 제대로 코딩을 해보고 나서 코딩이 어떤지를 판단해야 하지 않을까?"라는 조언을 해줬다. 이후 코딩에 대한 공포를 떨쳐버리고, 차근차근 프로그래밍을 공부했다. 그렇게 해서 첫 프로젝트와 연이어 들어온 프로젝트들을 모두 성공적으로 끝냈다. 뿐만 아니라 현재는 회사에서 팀 내 우수한 프로그래머 중 한 명으로 인정받고 있다.

사실 필자는 여전히 부족하고, 큰 성취를 이룬 것도 아니다. 세상에는 필자보다 더 우수한 프로그래머들이 참 많다. 그래서 이 책을 쓰는 데 고민도 많았지만, 지금 이 순간에도 과거의 필자와 같이 코딩에 대해 호기심 반, 공포 반으로 가득한 사람들이 많을 것으로 생각해서 용기를 냈다. 코딩은 필자에게 생각의 자유를 줬다. 무엇이든 시간만 있으면 아이디어를 실현할 수 있다는 자신감은 삶을 더욱 당당하고 재미있게 살 수 있도록 해줬다. 그 즐거움을 여러분에게 전파하고 싶었다. 언젠가 우리 모두 생각의 자유를 느낄 수 있기를 간절히 바라며 글을 마친다.

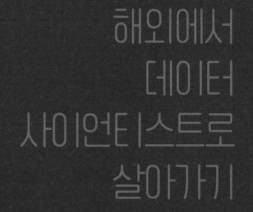

해외에서
데이터
사이언티스트로
살아가기

Data
Scientist

이
지
영

한국에서 언론 정보학 전공 후 외국계 홍보 회사에서 일하다가 다른
분야에 도전하고 싶어서 2010년 캐나다에서 통계학 공부를 시작했
다. 공부와 육아를 병행하면서 2017년 데이터 사이언티스트로 커리어
를 시작했고, 그 노하우와 경험을 2022년 출간한 『데이터 사이언티스
트 실전노트』에 담았다. 현재는 글로벌 제약회사 커머셜 팀에서 데이
터 분석과 머신 러닝을 통해 비즈니스 문제를 해결하고, 정보 시각화로
의사 결정에 도움을 주는 일을 하고 있다.

Data Scientist

1 토종 문과생, 서른 살에 캐나다에서 통계학을 시작하다

필자는 캐나다 토론토에서 데이터 사이언티스트로 일하고 있다. 10년 전, 흔히 말해 토종 문과생이었다. 한국에서 태어나 언론 정보학을 전공했으며, 졸업 후 외국계 홍보회사에서 여러 클라이언트의 홍보 담당자로 일했다. 마케팅 및 홍보를 더 공부하고자 유학 준비를 하다가 '유학 후에 지금 하는 일에서 어떤 점을 더 잘할 수 있게 되는 걸까?'를 생각해 봤다. 업무 중에서 '내가 더 잘 알았으면 좋았을 텐데.'라는 아쉬움이 남던 작업이 떠올랐다.

담당 클라이언트의 제품에 대해 사람들이 얼마나 검색했는지 수치화하는 작업이 있었는데, 작업 자체는 꽤 단순했다. 제품 관련 단어가 포함된 글이나 댓글이 하루에 몇 개나 발생했는지, 연관된 단어는 무엇인지, 단어가 포함된 글의 내용이 긍정적인지 부정적인지 등을 확인하며 엑셀에 표로 정리했다. 개수 정도만 파악해서 보고하는 일이었는데, 매일 작업해야 하는 것은 그만큼 중요한 일일 텐데 내가 정작 제대로 정보를 파악하고 있는 것인지 늘 궁금했다. 알고 있는 분야를 더 깊게 배우는 것이 좋을지, 모르는 분야를 새롭게 배우는 것이 좋을지 고민하는 과정에서 캐나다 토론토에서 응용 통계학을 공부하기로 했다. 그때가 서른 살이었다.

10년 전 만 해도 서른 살의 기혼 여자가 대학교 1학년부터 다시 공부하겠다고 했을 때 가족 외 주변의 반응은 긍정적이지 않았다. 게다가 당시에는 데이터과학이 지금처럼 주목받고 있지 않아서 통계학이라고 했을 때 왜 하필 통계학이냐는 질문도 많이 받았다. 출발은 뒤처졌고 그 과정 역시 쉽지 않을 것이란 사실을 잘 알고 있었다. 또한 학비, 생활비, 가족계획 등 당장 눈앞에 닥친 현실도 생각해야 했다. 그렇다고 도전조차 하지 않으면 평생 후회할 것 같았다. 그렇게 고민만 1년 넘게 했다.

결론부터 말하면 필자는 2017년 이후 디지털 마케팅 회사에서 1년, 보험 및 부동산 업계에서 4년, 현재는 제약회사 커머셜 팀에서 데이터 사이언티스트로 일하고 있다. 신입으로 취업해서 두 번의 이직은 쉽지 않았지만, 가장 어려웠던 것은 이 결과를 모르는 상태에서 공부를 시작할지 말지를 결정하는 일이었다.

고민이 길어진다면 이 질문에 답해보자.
"그래서 할래, 말래?"

필자가 「통계학, 데이터과학」 유튜브 채널을 운영하면서 진로에 대한 질문을 수없이 받았다. 그중 대표적인 질문 2가지를 소개해 본다.

질문 1 | 데이터과학에 관심이 많은 학생/직장인입니다. 데이터를 분석하고 예측도 한다는 것에 흥미를 느끼는데요. 마침 전망도 좋고 연봉도 높다고 해서 더 관심이 가게 됐습니다. 데이터과학과 관련 없는 비전공자도 도전할 수 있을까요? 이 일을 할 수 있을까요?

질문 2 | 데이터과학에 관심이 많은 학생/직장인입니다. 데이터를 분석하고 예측도 한다는 것에 흥미를 느끼는데요. 마침 전망도 좋고 연봉도 높다고 해서 더 관심이 가게 됐습니다. 데이터과학과 관련 없는 비전공자인 제가 무엇부터 공부하면 좋을까요?

독자분들 역시 비슷한 고민을 하고 있다면 〈질문 1〉과 〈질문 2〉 중에서 어느 질문에 더 가까운지 생각해 보자. 〈질문 1〉과 〈질문 2〉의 가장 큰 차이점은 순서이다. 걱정과 두려움, 현실이라는 벽을 생각해야 한다는 이유로 필자는 〈질문 1〉에 오랜 시간 동안 머물렀다. 심사숙고한 선택이야말로 결과가 좋을 것이라는 착각을 했기 때문이다. 그렇게 오랜 시간 끝에 〈질문 1〉에서 〈질문 2〉로 넘어간 순간,

개인의 다짐보다 더 중요한 것은 전략이라는 것을 깨달았다. 그리고 결정은 다짐에서 하는 것보다 전략에서 시작해야 한다는 것도 깨달 았다. 필자의 전략은 앞으로 풀어 나가도록 하겠다.

독자분들 중에도 고민을 하며 방향이나 길을 찾는 분들이 있을 것으로 생각한다. 그렇다면 그림 3-1을 보면서 나에게는 어떤 선택지가 있고, 선택에 대한 전략과 대안이 있는지 생각해 보기를 추천한다. 필자는 어떤 것을 결정하는지보다 결정에 따른 전략이나 대안이 더 중요하다는 것을 늦게 깨달았다.

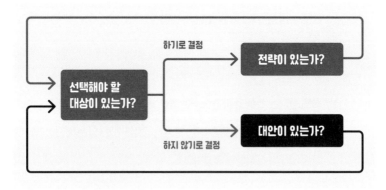

그림 3-1 | 선택과 전략, 선택과 대안

데이터 사이언티스트가 말하는 데이터 사이언티스트의 정의

데이터 사이언티스트가 어떤 일을 하는지 검색해 보면 다양한 정의가 있다. 필자가 생각하는 데이터 사이언티스트를 요약하자면 데이터를 과학적으로 다루는 사람이라고 말할 수 있다. 결국 데이터가 있어야 하고, 그 과정이 과학적이어야 하기 때문이다. 이렇게 요약해서 소개하는 이유는, 데이터 사이언티스트가 하는 업무가 굉장히 다양해서이다. 따라서 업계industry마다, 회사마다, 조직마다 데이터 사이언티스트가 맡는 일이 서로 다를 수 있다. 하지만 보편적으로 데이터 사이언티스트가 다루는 데이터 업무는 다음과 같이 예를 들 수 있다.

* 현재 데이터베이스에 어떤 데이터가 있는가?

* 어떤 데이터가 주기적으로 업데이트되는가? 그렇지 않은 데이터는 무엇인가? 왜 그런가?

* 데이터가 어떤 방식으로 업데이트되는가? 이 과정은 파이프라인으로 자동화돼 있는가?

* 데이터가 업데이트될 때 그 과정이 올바른가? 예상할 수 있는 문제는 없는가?

* 프로젝트마다 사용되는 핵심 데이터는 무엇인가?

* 프로젝트마다 더 추가하거나 제외해야 할 데이터는 무엇인가?

* 데이터 자체에 문제나 오류는 없는가?

* 추가로 어떤 데이터가 있으면 좋은가?

* 데이터베이스에 있는 여러 종류의 데이터를 어떻게 정리해서 구분 짓고 있는가?

여기에 데이터 분석, 예측 모델, 클라우드 서비스로의 구현 등 다른 업무와 합쳐지면서 데이터 사이언티스트는 더 구체적인 업무를 하게 된다. 업무의 중요성이나 복잡한 정도에 따라 업무를 끝내기까지의 시간이 달라지므로 연차가 있더라도 해보지 않은 업무가 있을 수 있다. 따라서 업무의 종류로 데이터 사이언티스트의 일이 무엇인지를 설명하기보다 데이터에 관한 업무를 과학적으로 다루는 사람, 올바른 과정으로 처리하는 사람이라고 설명하는 편이 낫다고 생각한다. 필자는 데이터 사이언티스트로 경력을 쌓고 있지만, 스스로 계속 질문을 던진다. '사이언티스트로서 놓치는 것 없이, 문제 없이 제대로 일하고 있나?'라고 말이다. 이 질문에 대해서는 뒤에서 소개하도록 하겠다. 만약 데이터 사이언티스트가 되고 싶다면 데이터 사이언티스트의 자질을 갖추기 위한 전략을 세워보자.

2　취업 준비는 전략에서 시작된다

취업 준비는 크게 서류 전형, 테크니컬(코딩) 시험, 면접의 세 단계로 나눌 수 있다. 최종 합격한 곳이 한 군데 있기까지 내가 지원한 회사에서 나는 어느 단계에서 탈락했는가를 파악하는 것이 중요하다. 단계별로 무엇을 준비해야 하는지 살펴보고, 필자의 해외 취업 경험도 소개한다.

자격증, 포트폴리오, 공모전, 이력서에 무엇부터 채워야 할까?

일반적으로 이력서에는 학교 및 전공 정보, 활동 경력으로는 포트폴리오, 공모전, 인턴 외에 자격증 유무가 들어간다. 이를 크게 기본기와 개인기로 나눠 보자. 기본기는 해당 직무를 할 수 있는 기본적으로 갖춰야 할 능력을 말한다. 직무와 관련된 전공이거나 자격증이 있거나 비전공자라면 직무를 수행할 만큼 어떻게 기본 지식을 쌓았는지를 말한다. 개인기는 기본기 위에 지원자만이 가진 특별한 경험 또는 경력이라고 볼 수 있다. 포트폴리오, 공모전, 인턴이 그 예이다. 기본기를 토대로 보고, 개인기는 토대 위의 깃발이라고 가정한다면 이력서의 종류는 그림 3-2와 같이 나눌 수 있다. ①은 기본기도 있고 관련 경력도 많은 지원자의 이력서일 것이다. ②는 개인기는 있지만 기본기가 부족하고, ③은 기본기는 어느 정도 있지만 개인기가 부족한 경우이다. ④는 기본기만 있는 경우이다. 현재 본인의 이력서는 어디에 해당하는지 파악하는 것이 중요하다.

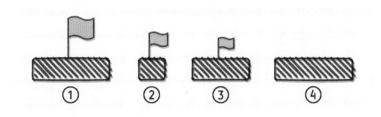

그림 3-2 | 기본기와 개인기

우선 가장 대표적인 기본기라고 볼 수 있는 자격증으로 시작하는 경우가 많다. K data 한국데이터산업진흥원이 제공하는 자격증 종목에는 빅데이터 분석 기사, 데이터 아키텍처 전문가, SQL 전문가, 데이터 분석 전문가가 있다. 응시 자격 요건이 있으니, 자세한 내용은 해당 사이트에서 확인하도록 하자.

＊빅데이터 분석 기사

1) 국가기술자격 빅데이터 분석 기사(BAE, Bigdata Analysis Engineer)

— 데이터 분석, 데이터 전처리, 통계 기법, 분석 기법, 분석 모형 설계, 분석 결과 해석 및 활용 데이터 모형 구축 등 필기와 실기로 이뤄진다.

— 자격증 유효 기간은 영구적이다.

＊데이터 아키텍처 자격검정

1) 공인자격 제2019-03호 전문가(DAP, Data Architecture Professional)

— 데이터에 관한 6과목 및 실기 과목으로 구성된 필기 시험으로, 2년의 유효 기간이 있다. 단, 보수 교육 이수 후 영구 자격으로 전환할 수 있다.

2) 비공인 민간자격 제2008-0307호 준전문가(DAsP, Data Architecture Semi-Professional)

— 데이터에 관한 4과목으로 구성된 필기 시험으로, 응시 자격 제한이 없으며 유효 기간도 영구적이다.

＊SQL

1) 국가 공인 민간자격 SQL 전문가(Structured Query Language Professional)

— 3과목과 실기 과목으로 구성된 필기 시험으로, 유효 기간은 2년이다. 보수 교
  육 이수 후 영구 자격으로 전환할 수 있다.

2) 국가 공인 민간자격 SQL 개발자(Structured Query Language Developer)

— 2과목으로 구성된 필기 시험으로, 유효 기간은 2년이다. 보수 교육 이수 후
  영구 자격으로 전환할 수 있다. 응시 자격 제한은 없다.

＊데이터 분석 자격검정

**1) 국가 공인 민간자격 데이터 분석 전문가(ADP, Advanced Data Analytics
  Professional)**

— 5과목의 필기 시험과 실기로 이뤄지며 유효 기간은 영구적이다.

**2) 국가 공인 민간자격 데이터 분석 준전문가(ADsP, Advanced Data Analytics
  Semi-Professional)**

— 3과목으로 구성된 필기 시험으로, 응시 자격에 제한이 없으며 유효 기간도 영
  구적이다.

　　데이터와 관련된 자격증 이외에 클라우드 서비스와 관련된 자격
증도 있다. 데이터 사이언티스트의 업무는 주로 클라우드 서비스를
이용하는데, 대표적인 클라우드 서비스에는 아마존 웹 서비스AWS,
Amazon Web Service, 구글 클라우드 플랫폼GCP, Google Cloud Platform, 마
이크로소프트 클라우드(Azure), 네이버 클라우드가 있다. 회사마다 회

사의 서비스를 어떻게 올바르게 효과적으로 사용하는지에 관한 단계별 자격증 시험을 제공하는데, 주로 데이터 엔지니어Data Engineer나 데이터 아키텍트Data Architect 업무 위주의 시험으로 구성돼 있다. 하지만 데이터 사이언티스트 중 데이터 엔지니어나 데이터 아키텍트 업무를 하는 경우도 있으므로 자격증을 취득하기도 한다. 단, 유효기간이 대부분 2년으로 제한돼 있어서 필요한 시기에 취득할 것을 추천한다.

이처럼 자격증 종류는 많지만, 중요한 것은 자격증만으로 취업 성공을 보장하지 않는다는 점이다. 자격증이 있어도 실제 업무를 하지 못한다면 문제가 될 수 있기 때문이다. 따라서 자격증으로 업무에 필요한 지식이 무엇인지를 알았다면 본인의 기본기가 다져졌는지 개인기로 점검할 필요가 있다.

포트폴리오와 공모전은 기본기와 개인기를 동시에 생각해야 한다. 우선 포트폴리오를 만드는 과정이나 공모전에 참여하는 과정에서는 기본기를 익히는 과정이 필요하지만, 이를 이력서에 적을 때나 면접관에게 소개할 때는 개인기를 강조해야 한다. 이를테면 수학 문제 푸는 과정을 생각해 보자. 문제를 풀기 위해 어느 정도의 기본 지식은 필요하지만, 그 풀이 과정은 개인마다 다를 수 있다. 문제를 풀기 위한 공부가 기본기라면, 문제를 풀어가는 과정은 개인기라고 볼 수 있다. 포트폴리오나 공모전 준비 시 어떤 문제가 있었고, 그 문제를 자신이 어떻게 해결했는지 보여줘야 한다. 공모전의 경우 공모전 참가 역시 기본기를 다지는 과정으로 이력서에 소개할 수 있다. 수상 여부도 중요할 수 있지만, 공모전 과정에서 어떤 실력을 키웠고 어떤 점이 아쉬웠고 어떤 점을 배웠는지는 개인 역량을 키우는 경험이 될 수 있기 때문이다.

포트폴리오에 대한 내용은 필자가 집필한 『데이터 사이언티스트 실전노트』 책에서 자세히 소개했다. 포트폴리오를 제대로 준비하지 않으면 취업 과정에서 오히려 독이 될 수 있는데, 이런 경우를 자주 봤다. 왜냐하면 내가 했던 공부를 수정해서 포트폴리오로 사용하면 되지 않겠느냐는 마음에서 시작한 경우도 있었는데, 포트폴리오는 내가 공부했던 것을 모아놓은 것이 아니라 내가 관심 있는 주제나 문제에 대해 어떻게 접근하고 해결해 갔는가에 집중해야 하기 때문이다. 포트폴리오에 관심이 있다면 이 부분만이라도 『데이터 사이언티스트 실전노트』에서 가볍게 읽어 보기를 추천한다.

이렇게 기본기와 개인기로 구성된 이력서를 제출했을 때 지원 대비 서류 통과 횟수가 늘어나면 이제 코딩 시험, 즉 테크니컬 시험 준비로 넘어가야 한다.

코딩 시험 종류와 팁 및 코딩 시험을 꼭 준비해야 하는 이유

대부분 회사의 채용 과정에는 코딩 시험 또는 테크니컬 시험이 있는데, 그 종류는 다음과 같이 3가지로 나눌 수 있다.

<웹 사이트에 접속해서 주어진 객관식/주관식 문제를 푸는 형식>

말 그대로 지원자가 웹 사이트에 접속해서 주어진 문제를 푸는 형식으로, 시험 과정을 녹화하는 경우도 있다. 주어진 시간 내에 문제를 풀어야 하며, 일정 점수 이상을 받아야 다음 단계로 넘어간다. 시험 주제는 통계, 머신 러닝, 딥 러닝, 코딩, 주관식 등 다양할 수 있기 때문에 이런 방식의 시험이 있다면 시험 보기 전에 전체 개념을 훑어보는 것이 필요하다. 녹화할 것을 염두해 둬서 깔끔한 차림으로 시험에 임하도록 하자. 해외의 경우 대표적인 웹 사이트로는 코드시그널Codesignal이 있다.

<대면/비대면 실시간 시험>

대면 또는 비대면으로 면접관이 있으며, 면접관이 문제를 제시하면 지원자는 바로 문제를 푸는 형식이다. 코딩 능력도 중요하지만, 더 중요한 점은 지원자가 문제에 어떻게 접근하고 풀어가는지 그 과정을 보여줘야 한다는 것이다. 이 형식을 '시나리오 인터뷰'라고 부르기도 한다. 면접관은 시나리오, 즉 상황을 짧게 설명하고 어떤 업무를 해야 하는지 설명한다. 하지만 지원자 입장에서 짧은 설명으로 전체 상황을 이해하기란 쉽지 않다. 따라서 지원자는 면접관에게 추가 질문을 통해 무엇이 문제인지, 무엇을 해결해야 하는지를 파악해야 한다. 해결 과정은 면접 형식이 될 수 있고, 그 과정을 코드로 구현하기도 한다. 이 시험의 목적은 지원자의 문제 해결 과정을 보는 것뿐만 아니라 지원자의 커뮤니케이션 능력, 협동력을 보기 위한 것이다. 지원자가 합격할 경우 면접관은 같은 팀의 상사나 동료가 된다. 특히 비대면 업무가 있을 수 있다는 점을 고려할 때 화면을 공유하며 업무를 의논하는 경우가 많으므로 커뮤니케이션 능력, 협동력이 중요하다. 이 시험은 누구라도 긴장할 수밖에 없다. 그리고 면접관이 제시하는 문제를 한 번에 파악하기 힘들다. 따라서 잘 모르겠다면 배경 설명을 더 요청하거나 자신이 이렇게 이해하는 것이 맞는지 물어볼 수 있다. 중요한 점은 면접관에게 이 사람을 고용하면 기존의 팀원들과 잘 어울려 일할 수 있겠다는 인상을 주는 것이다.

<숙제 방식의 시험>

문제를 받으면 주어진 시간 내에 풀고 제출하는 형식이다. 짧게는 30분에서 한 시간, 길게는 며칠까지 기간을 준다. 시험 주제도 다양해서 필요한 값을 계산하기 위해 알고리즘이나 함수를 만든다거나 데이터 분석을 한다거나 예측 모델을 만들어 성능을 평가하는 주제도 있다. 문제를 올바르게 푸는 것도 중요하지만, 이를테면 파이썬으로 작성할 경우 공식 파이썬 코드 가이드를 따르는 것이 좋다. 코드 작성 과정에서 중요한 점은 간단하게라도 설명하는 것이 유리하다.

시험 주제가 분석이나 예측 모델 구축이라면 차후 면접 과정에서 자신이 제출했던 내용을 설명하라는 질문에 대비해야 한다. 이를테면 이 문제에 어떻게 접근했는지, 그래서 어떤 결과를 얻었는지, 시간이 더 주어진다면 앞으로 어떤 방식으로 접근할 것인지 등을 설명하면 된다.

어느 시험이라도 시험 자체는 지원자에게 매우 큰 압박으로 다가온다. 하지만 신입으로 지원하는 경우 이 코딩 시험 준비를 통해 코딩 실력이나 문제 해결 능력을 짧은 기간에 상당히 키울 수 있다는 장점이 있다. 당장 데이터 사이언티스트로 일한다면 업무의 많은 시간은 코드를 읽거나 코드를 작성하는 데 할애하도록 한다. 기본기가 탄탄하더라도 이것을 구현하는 능력이 부족하다면 기본기가 탄탄하다고 볼 수 있을까? "코딩이 꼭 중요하나요?"라는 질문을 종종 받곤 하는데, 한번 이 말을 생각해 보자.

통찰력(Insight) 있는 데이터 분석

중요한 정보를 얻기까지 데이터 사이언티스트나 데이터 분석가는 데이터를 여러 방면으로 살펴봐야 한다. 왜냐하면 데이터는 그저 데이터일 뿐, 정보를 얻기까지 여러 작업이 필요하기 때문이다. 그중 통계를 기본으로 한 분석 방법을 사용할 수 있고, 데이터의 구조나 모양을 바꾸는 작업이 필요할 수도 있다. 이 과정은 모두 프로그래밍 언어를 통한 코드 작성을 통해 이뤄진다. 이처럼 종이에 끄적거려서 나오는 정보가 아니기에 통찰력이 있다고 말할 수 있는 정보를 얻기까지 코드를 통해 데이터를 다루는 능력은 필수다.

이 준비 과정을 통해 코딩을 어떻게 작성해야 하는지, 어떤 방식이 더 효율적인지, 어떤 상황에서 어떤 함수와 알고리즘으로 문제를 해결하는지 등을 공부한다면 차후 업무를 할 때 도움이 된다. 만약 프로그래밍 언어에 익숙하지 않다면 먼저 다른 사람이 작성한 코드를 많이 읽어보는 것을 추천한다. 프로그래밍 언어도 언어와 똑같다. 외국어를 배울 때 단어를 익히고 읽기 연습을 한 후 글쓰기에 들어가는 것처럼 배경지식 없이 무작정 코드를 작성하는 것은 불가능하다. 코딩 시험에 관한 책도 좋고, 코딩 시험 위주로 공부하고 싶다면 코딩 챌린지 웹 사이트인 릿코드Leetcode나 코드시그널Codesignal을 추천하고, 데이터 분석 및 예측 모델에 관한 내용으로 코드를 보고 싶다면 데이터 사이언스 경진 플랫폼인 캐글Kaggle을 추천한다. 외국 사이트를 추천하는 이유는 영어와 친숙할수록 코드 작성에 도움이 되기 때문이다. 코드를 어떻게 작성해야 할지 또는 코드 작성 중 발생한 오류를 해결하기 위해 검색하다 보면 IT 개발자들이 질문을 올리고 답변하는 커뮤니티인 스택 오버플로Stack Overflow를 자주 방문하게 된다. 아무래도 영어로 검색할 경우 한국어로 검색하는 것보다 원하는 답변을 찾을 확률이 높다. 따라서 필요한 코드를 얻기 위해 상황을 어떻게 영어로 표현하는지, 어떤 단어를 사용하는지를 익히도록 하자.

3 면접 준비에는 2가지가 필요하다

　　채용 과정 전체에서 제일 중요한 과정은 면접이라 해도 과언이 아니다. 코딩 시험으로 어느 정도 지원자 수가 걸러졌다면 코딩 시험 성적 차이가 최종 합격의 당락을 결정하는 것이 아니기 때문이다. 따라서 코딩 시험에 집중하다가 면접 준비에 소홀하면 안 된다.

　고용주 입장에서 면접은 회사 또는 팀에 맞는 인재를 찾는 과정을 말한다. 면접관은 구직자의 답변으로 이 사람이 회사에 맞는 사람인지 판단하기 때문에 구직자가 제대로 답변할 수 있는 질문을 많이 받는다면 최종 합격될 확률이 높다. 구직자 중에서 이것을 모르는 사람은 없을 것이다. 필자 역시 면접이 어렵다. 경력이 쌓이면 면접이 쉬워지지 않을까 기대했지만, 경력이 쌓일수록 경력에 맞는 질문을 받기 때문에 체감상 면접의 난이도는 오히려 더 높아지는 것 같다. 필자가 생각하는 면접 준비에는 2가지가 있다. 첫 번째는 면접에서 받을 질문을 미리 준비하는 것이고, 두 번째는 면접 과정에서 또는 면접 후 내 마음가짐을 관리하는 것이다.

　면접에서 받을 질문을 준비하는 것은 시간은 오래 걸리겠지만, 오히려 객관적이고 쉬운 작업일 수 있다. 면접에서 받는 질문의 출처에 대해 분류해 보자. 질문의 출처는 이력서나 포트폴리오와 같은 개인

이력 및 개인 경력, 업무 관련 지식, 현재 팀에서 진행하고 있는 프로젝트에 관련된 질문, 지원자의 성격 및 태도를 파악하고자 하는 질문으로 나눌 수 있다. 물론, 여기에 속해 있지 않은 질문도 있겠지만, 질문의 출처는 이 범위에서 크게 벗어나지 않는다. 따라서 면접 준비는 예상 질문을 정리하고, 이 질문에 대해 어떻게 답변할 것인지 연습하면 된다. 만약 어떤 질문이 나올지 모르겠다면 국내 구직 사이트보다 해외 구직 사이트에서 "data scientist"로 검색해 보는 것을 추천한다. 하지만 이 방법은 구직자라면 누구나 준비하는 과정이다. 그런데 필자의 경우 면접의 기회가 많지 않았는데, 그 기회에서 계속 탈락하자 도대체 무엇이 문제인지 고민하게 됐다.

필자가 내린 고민에 대한 해결 방법으로, 면접 준비는 어떻게 답변을 준비하는 것이 아니라 면접에서 나의 마음은 어떤 마음이고 면접이 끝난 후 탈락했을 때 내 마음을 다스리는 것까지 확장하는 것이 필요하다는 것을 깨닫게 됐다. 적당한 긴장감은 필요하겠지만, 긴장감이 고조돼 준비한 것을 제대로 하지 못한다면 면접에서의 마음가짐을 조절하는 것이 필요하다는 뜻이다. 긴장을 완화하는 방법은 개인마다 다르겠지만, 필자의 방법을 소개해 보겠다. 혹시라도 필자와 같은 경험을 하고 있다면 다음 방법 중 자신에게 맞는 방법을 사용해 보기를 권한다.

<구직자의 대답 vs 면접관이 듣고 싶은 대답>

"앞으로 데이터과학 분야는 어떻게 될까요?"

"당신이 현재 속해 있는 회사 이름이 현재 하는 업무와 어떻게 연관돼 있나요?"

"지금 회사에 대한 불만이 무엇이죠?"

"ㅇㅇ 업무 경험은 없으시군요?"

대답하고 싶지 않은 질문이나 미처 생각하지 못한 질문을 받을 경우 긴장되는 것은 어쩔 수 없다. 면접 준비를 했어도 예상하지 못한 질문을 받을 수 있다. 어떻게 대답할지 고민하는 동안 긴장감은 고조되고 명확히 대답하지 못한 채 면접을 마친 경우도 많았다. 때로는 〈이지영〉과 〈면접 자리에 앉아 있는 이지영〉을 구분하는 것이 필요할 수도 있겠다고 생각했다. 〈이지영〉이란 사람은 솔직한 생각을 말하겠지만, 〈면접 자리에 앉아 있는 이지영〉은 면접관이 듣고 싶은 답변을 먼저 생각한다. 앞서 본 질문에서 면접관은 구직자의 답변이 정답인지 아닌지를 확인하는 사람이 아니라 이 사람이 회사와 맞는 사람인지 확인하는 사람이다. 그렇다면 면접관이 듣고 싶어 하는 중요한 단어를 이용해서 답변을 생각해 보는 것이다. 여기서 말하는 중요한 단어는 회사 웹 사이트의 인재상, 비전에 나와 있거나 직무 관련 소개에 나와 있다. 그래서 면접 과정에서 당황했을 때 그 자리에 앉아 있는 나는 무엇을 기억해서 답변을 하면 좋을까를 대비하자.

<나는 언변가가 아니다>

필자는 해외에서 직장을 찾다 보니 부족한 영어 실력 때문에 면접에서 떨어지는 것은 아닐까라는 생각이 들었다. 물론, 맞을 수도 있다. 그런데 이런 생각을 시작으로 면접 때마다 내 대답이 영어로 맞는 문장인지 신경 쓰여 답변 자체에 집중할 수 없었다.

'나는 왜 대답을 잘하지 못했을까?'를 생각해 보다가 '그렇다면 한국어로는 대답을 잘할 수 있었나?'를 스스로에게 물어봤다. 그런데 그것도 아니었다. 어쩌면 이런 긴장감 있는 상황 속에서 유창하게 대답하는 것은 영어로도 한국어로도 힘든 일이다. 사용하는 언어를 떠나서 나는 말을 유창하게 잘하는 사람이 아닐 수도 있겠다는 생각이 들었다. 면접은 누가 더 말을 유창하게 잘하는가를 겨루는 자리가 아니다. 면접관이 듣고 싶어 하는 답변을 간단하게 또는 쉽게 전달한다면 그것으로 충분하다고 생각을 바꿔 봤다. 여기서 간단한 답변이란 답변에서 전달하고 싶은 메시지가 하나인 것을 말한다. 한 답변에 핵심 단어 여러 개가 들어가는 것보다 답변 하나마다 하나의 핵심을 전달하되, 내가 경험한 예시를 사용할 경우 보다 쉽게 전달할 수 있었다. 이처럼 필자는 말을 잘해야 한다는 고정관념에서 벗어나 보니 오히려 긴장감을 떨어뜨릴 수 있게 됐다.

<정말 대화해 보자!>

면접 질문 중 종종 회사 내에서 진행하고 있는 업무에 관한 질문을 받을 때가 있다. 상황은 다르겠지만, 질문의 요지는 간단하다. "이런 상황에서 당신은 어떻게 할 것인가?"이다. 질문이 업무 관련 지식과 연관돼 있어 답변할 수 있다면 이에 따른 답을 하면 되지만, 그렇지 않은 경우가 훨씬 많다. 필자의 경험으로 보면 이런 질문을 받았을 때 주어진 상황에서 최종 목적이 무엇인지 파악하는 것이 중요했다. 필자는 면접관이 전달하는 몇 문장으로 상황을 이해하는 것이 쉽지 않은 경우가 많았는데, 이해하지 못할 경우 다시 질문을 던져 내가 무엇을 이해하지 못했고, 무엇이 목적인지를 알아내려고 했다. 즉시 답변이 생각나지 않으면 잠시 생각할 시간을 달라고 하거나 상황을 정리하고 무엇이 목적인지를 말로 요약하면서 내가 문제를 정확히 이해하고 있는지 되물었다. 또한 최종 목표를 달성하기 위해 이런 단계가 필요할 것이고, 예상되는 어떤 문제점이 있을 것 같은데, 어떤 것을 먼저 이야기해 보면 좋을 것 같으냐는 질문을 던져보기도 했다. 이처럼 질문을 받자마자 대답해야 한다는 생각에서, 대화를 통해 이 문제를 해결해 보겠다는 마음을 가짐으로써 긴장감을 덜어낼 수 있었다.

<떨어져도 괜찮다>

과연 면접 과정을 좋아하는 사람이 있을까? 필자 역시 면접에서 많이 떨어졌으며, 앞으로 이직한다면 불합격 횟수가 합격 횟수보다 더 많을 것이다. 처음 취업 준비를 할 때 '어차피 떨어질 텐데 면접 보기 너무 싫다, 괴롭다'라고 생각하다가 어느새 이런 나 자신이 부끄러워진 적이 있었다. 면접 자리에 있다는 것은 서류 합격, 코딩/테크니컬 시험에 합격했을 만큼 취업 준비를 열심히 했다는 뜻이므로 면접에서 탈락했다고 자신의 가치를 스스로 떨어뜨릴 이유가 전혀 없다. 비록 이번 면접에서 떨어지더라도 면접을 연습할 수 있는 좋은 기회였고, 그 연습은 다음 기회를 잡을 수 있는 밑거름이 되기 때문이다. '또 떨어졌네.'라는 자책이 아니라 '이제 여기까지는 오네.'라는 말을 건네 보자. 떨어져도 괜찮다. 정말 괜찮다.

4 나만 놓치고 있는 것은 아닐까?:
스토리텔링과 셀링 포인트 생각하기

필자가 취업 준비를 시작했을 때 손에 쥐고 있던 것은 석사 졸업장뿐이었다. 데이터과학과 관련된 석사, 박사 졸업생 수를 생각해 보면 석사 졸업장 하나로 경쟁력이 있다고 보기는 힘들었다. 포트폴리오도 없었고, 공모전이나 인턴 경력도 없었다. 해외 취업에서 인맥은 마치 취업으로 이어지는 지름길과 비슷한데, 인맥도 전혀 없었다. 졸업 후 서류조차 통과되지 못했는데, 어찌 보면 당연한 결과였다. 앞에서 살펴본 그림 3-2에서 필자의 이력서는 ④에 해당했다.

필자의 이력서에는 서류가 통과될 만한 개인기가 없었고, 설령 서류가 통과되더라도 필자만의 셀링 포인트가 없었다. 셀링 포인트

Selling Point란 면접관이 '이 사람을 채용해야겠다!'라고 느낄 만한 점을 말한다. 생각해 보면 면접관은 지원자가 가진 여러 특성 중 어떤 점이 마음에 들거나 좋아야 한다. 코딩 시험 성적이 뛰어나다거나 면접 태도가 좋았다거나와 같은 여러 복합적인 요소가 있을 수 있다. 중요한 것은 비슷한 실력을 갖춘 지원자들 속에서 면접관이 '합격자는 이 사람으로 하겠다.'라고 결정할 수 있는 것은 결국 지원자의 셀링 포인트가 있기 때문이다.

필자는 자격증 및 포트폴리오와 같은 개인기를 준비하는 데 시간을 쏟으면서 동시에 나만의 셀링 포인트를 무엇으로 정할지 생각했다. 필자가 대학생일 때 영어와 전공을 같이 공부할 겸 개인 블로그에 전공 공부를 영어로 포스팅한 적이 있었다. 포스팅 수가 적다 보니 방문자 수도 적은 개인 블로그였는데, 이 개인 블로그를 셀링 포인트로 잡으면 어떨까 싶었다. 물론, 블로그가 많은 정보를 담고 있는 것도 아니고, 예쁜 것도 아니었다. 내놓기 부끄러운 블로그였지만, 필자가 가진 것은 그것밖에 없었기 때문에 이 블로그 주소를 이력서의 이름 아래 적었다. 만약 필자의 블로그에 관심 있는 면접관이 한 명이라도 나타나면 내가 가진 스토리텔링으로 승부를 볼 셈이었다. 물론, 그 승부의 날이 금방 오진 않았다. 필자의 셀링 포인트를 좋아하는 면접관은 거의 없었는데, 그래도 실망하지 않았다. 결국 최종 합격하는 한 곳이 필자의 목표였다.

필자의 이야기를 이어가기 전에 이 글을 읽는 독자분들은 나만의 셀링 포인트Selling Point가 있는지 스스로 물어보기를 권한다. 셀링 포인트는 강점과 다른 개념이다. 개인의 강점은 지식이 될 수 있고, 태도도 될 수 있다. 그런데 이 강점을 취업 과정에서 면접관에게 보여주는 것은 쉽지 않다. 본인이 데이터과학에 대한 깊은 지식을 갖고 있어도 면접관이 이와 관련된 질문을 하지 않거나 내가 알고 있는 지식과 전혀 다른 분야의 회사에 지원한다면 아무 소용이 없기 때문이다. 태도 역시 지원자가 문제 해결 능력이 뛰어나더라도 채용 과정에서 이를 증명하는 것은 쉽지 않다. 따라서 셀링 포인트는 면접관이나 고용주가 바로 알 수 있는 증거물과도 같다. 물론, 경력직으로 이직하는 경우에는 경력이 셀링 포인트가 되겠지만, 경력 중 어떤 경력을 셀링 포인트로 잡을 것인가를 생각해야 한다.

다시 필자의 이야기로 돌아가서 필자는 '성실히 공부했다'라는 점을 블로그를 통해 보여주는 것이 셀링 포인트였다. 물론, 이 블로그를 보여준다고 해서 셀링 포인트가 되는 것은 아니다. 면접관 중 누군가가 필자의 셀링 포인트에 관심 있어 한다면 나만의 스토리텔링으로 셀링 포인트를 드러내는 것이 필자의 전략이었다.

스토리텔링을 설명하기 전에 셀링 포인트의 예시를 살펴보자면 블로그처럼 소셜 네트워크가 될 수도 있고 개인 포트폴리오가 될 수도 있다. 문제는 지원자들 대부분 비슷하게 준비하는데, 과연 본인만의 셀링 포인트가 들어 있는가를 생각해 봐야 한다. 한 취업준비생이 가고 싶었던 회사에 지원해서 면접 자리에서 다음과 같이 말을 한다고 가정해 보자.

예시 1 | **"저는 이 ○○ 산업에 관심이 있어 회사에 지원하게 됐습니다."**
예시 2 | **"저는 이 ○○ 산업에 관심이 있어서 연관된 공공데이터를 찾아봤습니다."**

앞의 두 예시를 비교해 봤을 때 〈예시 2〉에서 지원자는 ○○ 산업에 관심이 있어서 어떤 행동을 했다. 즉, 행동이라는 셀링 포인트가 들어 있다.

이제 스토리텔링을 생각해 보자. 스토리텔링은 말 그대로 '이야기하다'인데, 여기서 스토리텔링이란 내 셀링 포인트를 면접관에게 어떻게 전달해서 나를 채용하도록 할 것인가를 말한다. 필자는 면접 기회가 주어져서 면접관이 내 블로그를 언급하면 다음과 같이 대답할 수 있도록 준비했다.

"통계학은 상황에 따른 예측 모형을 만드는 걸 배우는데요. 어떤 예측값을 계산했는데, 교수님께서 잘못 계산했다고 지적해 주셨습니다. 제가 전제 조건을 제대로 확인하지 못했던 거죠. 물론, 머신 러닝 알고리즘에 따라 이런 조건이 필요 없는 경우도 있지만, 다양한 상황과 예측 모형을 사용해야 하는 데이터 사이언티스트는 전체 과정을 올바르게 처리하는 것이 중요하다는 것을 배우게 됐습니다. 그래서 제가 정확히 이해했는지 확인하기 위해 블로그에 정리했습니다. 이런 경험을 통해 앞으로 데이터 사이언티스트로 일할 때 사소한 문제를 놓치지 않고 정확히 처리할 수 있을 것으로 생각합니다."

하지만 구직 과정에서 준비한 대답을 말할 기회는 많지 않았고, 설령 대답을 하더라도 반응은 기대 이하였다. 과연 이 방법이 통할지 의문을 가지면서 동시에 포트폴리오를 준비하던 중 블로그에 관심 있는 면접관을 만났다. 면접관은 마음가짐, 성실성을 높게 평가해 줬고, 그 회사가 필자의 첫 직장이 됐다.

취업 준비를 한다면 언젠가는 자신의 개인기나 셀링 포인트에 관해 질문받는 순간이 온다. 그때 셀링 포인트를 극대화하기 위한 스토리텔링이 필요하다. 셀링 포인트를 왜 했는지, 어떻게 했는지, 그래서 결과가 어떻게 됐는지 그리고 그것이 어떻게 데이터 사이언티스트로서 도움이 되는지로 구성해 보자.

5 해외 취업의 오해와 경험

필자가 늦은 나이에 새로운 공부를 할 수 있었던 것은 북미의 경우 채용 과정에서 나이 제한을 두지 않는다는 이야기를 들어서였다. 한국에서 구직해서 직장 생활까지 했었기에 그 말을 믿을 수 없었다. 하지만 필자의 경우 구직 과정에서 인사 팀이나 면접관이 나이나 결혼 유무를 직접적으로 질문한 적이 단 한 번도 없었다. 경력과 나이는 별개이다. 이처럼 해외 취업에 있어서 필자가 느꼈던 오해와 경험 몇 가지를 소개한다.

<이력서에 증명사진을 넣지 않는다?>

대답부터 하자면 대부분의 지원자는 이력서에 증명사진을 넣지 않는다. 나이, 결혼 유무와 같은 인적 사항을 적지 않는 것과 비슷한 맥락으로 이해할 수 있다. 이력서나 회사 웹 사이트를 통한 지원서에 적는 개인 정보는 연락처와 집 주소 정도일 뿐이다. 회사 웹 사이트를 통해 지원할 경우에도 증명사진을 넣어본 적이 한 번도 없었으며, 간혹 원주민 출신인지, 성소수자인지, 소수 인종 집단인지에 관한 질문을 받은 것이 전부이다.

<인맥이 중요하다?>

그렇다. 북미는 땅도 크고 다양한 민족이 살기 때문에 회사 입장에서 전혀 모르는 사람을 새로 채용하는 것보다 내부 직원이 추천한 사람을 고용하는 것을 선호하는 편이다. 이렇게 추천으로 회사에 입사할 경우 소개해 준 직원에게 꽤 높은 금액의 사례금을 지급하기도 한다. 내부 직원의 추천을 통해 적임자를 찾지 못하면 그때야 비로소 채용 공고를 올리는 경우가 많다. 이처럼 인맥은 취업의 지름길과도 같은데, 인맥이 없다고 취업이 불가능한 것은 아니다. 필자 역시 인맥이 전혀 없어서 셀링 포인트와 스토리텔링 전략이 더 절실할 수밖에 없었다. 최종 합격 통보를 하고도 지원자의 평판을 확인하는 레퍼런스reference를 요구하는 회사도 있다. 레퍼런스 체크는 지원자가 과거 함께 일한 상사나 동료들로부터 자신의 직무나 성과를 확인받는 과정으로, 많으면 3명 정도 요구하기도 한다. 레퍼런스를 해줄 연락처를 회사에 넘기면 인사담당자는 전화, 이메일 또는 레퍼런스 체크를 하는 웹 사이트를 제공하는 방식으로 지원자의 평판을 조사한다. 레퍼런스 체크 대신 경력 확인Background Check을 하는 경우도 많다. 범죄 기록과 학력 및 직장 경력 위주의 검사인데, 경력이 확인되지 않는 경우 별도로 세금 내역을 보거나 급여 명세서와 같은 증거 서류를 제출해야 한다. 철저하게 검사하기 때문에 증거 자료를 미리 잘 준비하는 것도 필요하다.

<계약직보다 정규직이 좋다?>

북미에서도 정규직Full-time Job, Permanent Job과 계약직Contract Job, Temporary Job이 있다. 특히 IT인 경우 프로젝트에 따른 계약직이 많은 편이며, 계약직으로 시작해서 정규직으로 전환하는 경우도 많다. 계약직의 급여에 휴가와 보험이 반영되지 않은 것을 고려해서 정규직보다 일반적으로 30% 정도 높은 연봉을 제안한다. 계약이 연장되지 않을 경우 다른 직장을 찾아야 한다는 점이 단점일 수 있지만, 계약 때마다 연봉 협상을 할 수 있다는 장점이 있다. 왜냐하면 연봉 인상에 관해서는 회사마다 규정이 다르겠지만, 정규직인 경우 먼저 회사에서 연봉을 올려주지 않는 경우도 많기 때문이다. 따라서 정규직과 계약직은 개인의 기호라 볼 수 있어서 어느 쪽이 낫다고 말하기 힘들다.

<50세가 넘어가면 은퇴 준비를 해야 할까?>

일반 회사에서 나이로 인해 은퇴를 해야 한다는 규정은 없다. 왜냐하면 이 사람이 해당 업무를 할 수 있을지의 여부는 나이가 아니라 경력으로 결정된 것이기 때문이다. 공무원인 경우 연금을 받기 때문에 연금 계산에 따른 은퇴 가능한 조건이 있다. 하지만 일반 회사원은 연금이나 퇴직금이 없어서 개인이 노후 준비를 해야 한다. 세금 혜택과 은퇴 연금을 위해 개인이 활용할 수 있는 방법으로 미국은 IRAIndependent Retirement Account, 캐나다는 RRSPRegistered Retirement Savings Plans 가 대표적이다.

구직 사이트로는 비즈니스 전문 소셜 미디어인 링크드인LinkedIn이나 취업 정보 검색 엔진인 인디드Indeed가 대표적이다. 스타트업 전용 취업 사이트인 엔젤리스트AngelList에서 경력을 쌓는 방법도 있다. 또한 인맥을 쌓고 싶다면 관심 있는 주제의 컨퍼런스에 참석하거나 관심사를 공유하는 사람들끼리 만날 수 있는 밋업Meetup을 활용할 수 있다.

해외 취업에서 가장 중요한 점은 일할 수 있는 비자가 있는지 여부이다. 필자의 경우 회사를 지원할 때 비자 지원이 필요한지에 관한 후원sponsorship 질문을 항상 받는다. 학교를 졸업하면 외국인이지만, 일정 기간 일할 수 있는 취업 허가증Work Permit을 받을 수 있으며, 취업 허가증을 가진 상태로 일 경력이 쌓이면 영주권을 신청할 수 있다. 어느 분야에 영주권을 발급하는지, 어떤 조건을 만족해야 하는지는 해마다 달라지므로 직접 정부 사이트를 확인하는 것을 추천한다. 취업 허가증이 있는 상태라면 연봉을 떠나 경력을 쌓는 것이 중요한데, 간혹 회사마다 정부 지원을 받아 취업 허가증이 있는 외국인을 우선 고용하는 경우도 있다. 이렇게 경력을 쌓은 후 더 좋은 조건으로 이직하면 되므로 취업 준비를 어느 정도 한 상태에서 본인의 취업 허가증으로 일할 수 있는 기회가 있는지 관심 있는 회사마다 먼저 연락해 보는 것을 적극 추천한다.

이제까지 취업이란 내용으로 여러 주제를 살펴봤다. 취업 압박은 누구에게나 있다. 아무리 IT 인력난이 있다 하더라도 회사에서 데이터 사이언티스트를 대거 고용하지 않으며, 고용한다 하더라도 경력자를 찾는 경우가 흔하기 때문이다. 본인이 얼마나 준비했느냐에 따라 체감할 수 있는 경쟁률은 다를 수 있겠지만, 취업 성공이라는 목적을 달성하는 과정에서 이뤄져야 할 것은 단순히 취업 자체가 아니라 업무를 할 수 있는 능력을 갖춰야 한다는 점을 잊지 말자.

6 신입 직장인이라면 알고 시작하자!

필자가 데이터 사이언티스트로 출근한 첫날의 기억은 아직도 생생하다. 언어도, 나라도, 문화도 다른 곳에서 새로운 일을 할 수 있을지 걱정이 한가득 했다. 새벽에 일어나 출근 준비를 하고 두 살이 안 된 아이를 아침 7시에 유치원에 내려놓고 전철을 탔다. 학생 신분으로만 전철을 타곤 했는데, 직장인으로 전철을 타다니 기분이 묘했다. 전철 안에서 내내 '퇴근할 때 누구에게 뭐라고 말하면서 퇴근해야 하는가?'라는 생각만 했던 기억이 있다. 궁금해하는 독자분들을 위해 답을 해보자면 인사 없이 그냥 집에 가든가 옆자리에 있는 동료에게만 "See you tomorrow."라고 가볍게 인사하고 가는 경우가 대부분이다.

다시 이야기로 돌아가서 이렇게 처음이란 순간이 있다면 방식이나 방법이 어찌 됐든 데이터 사이언티스트로서 은퇴하는 순간도 있을 텐데, 나는 앞으로 이 과정을 어떻게 풀어갈까 궁금했다. 아니, 지금도 그 과정에 있기 때문에 궁금하다. '지금 일에 있어서 방향이 맞을까? 진짜 데이터 사이언티스트가 돼 가고 있을까?' 이런 질문을 종종 던져본다. 신입일 때 가장 많이 했던 생각은 '어쩌면 내 커리어에 있어서 마음 편한 순간은 지금이겠다.'라는 것이었다. 신입이니까 책임이 크지 않아서 앞으로 책임져야 할 일이 많아지기 전에 많이 배울 수 있는 순간이기 때문이다. 직장인이라면 누구나 신입 시절은 있다. 직장인 몇 년 차까지를 신입이라고 정의하기는 힘들지만, 신입일 때 놓치면 안 될 몇 가지를 소개한다.

지금 내가 속한 회사가 좋은 회사인지 판단하는 기준

필자가 취업하고 1년이 채 지나지 않았을 때 이곳이 평생직장이 아닐 수도 있기 때문에 나에게 맞는 곳을 찾아야 한다고 생각했다. 그런데 좋은 회사의 정의는 무엇일까? 개발자에게 스타트업이 좋은지, 규모가 있는 회사가 좋은지에 대해 질문하는 것을 본 적이 있다. 과연 '좋다'라는 기준은 무엇일까? 당시 필자의 경우에는 아이가 어리기 때문에 좋은 회사의 기준이 아이를 돌보는 것이 보다 수월한 회사였다. 출퇴근 시간이 너무 오래 걸리거나 근무 시간 이후 업무가 많은 곳은 좋은 회사가 아니었다. 집 근처의 회사로 이직한 후 아이를 돌보는 것이 좀 더 수월해지자 이 회사는 좋은 회사인가에 대한 생각을 다시 해봤다. 독자분들에게 묻고 싶다. 좋은 회사에 다니고 싶은 마음은 누구나 똑같을 텐데, 과연 어떤 회사가 좋은 회사일까?

대기업 또는 스타트업, 내가 관심 있는 업계industry 데이터를 다루는 회사, 높은 연봉을 주는 회사, 복지가 좋은 회사, 일명 워라밸Work-Life Balance을 보장하는 회사, 꼰대 없는 회사 등 여러 기준이 있겠다. 하지만 필자는 특히 신입 직장인에게 좋은 회사는 멘토가 있는 회사라고 말하고 싶다. 그러니까 '저분에게 많이 배우고 싶다.'라는 사람이 있다면 그것으로 충분하다. 상사가 될 수도 있고, 동료가 될 수도 있다. 한 명일 수도 있고, 여러 명이 될 수도 있다. 중요한 것은 이런 사람이 적어도 한 명은 있어야 한다는 것이다. 일을 통해 얻는 경험이 있지만, 신입인 경우 업무 제한이 있기도 해서 신입일수록 사람을 통해 얻는 점이 많아야 하기 때문이다.

필자는 어느 순간, 내가 매니저의 위치에 올라가게 되면 상사의 일을 하게 될 텐데, 상사는 어떻게 하고 있는지 빨리 배워야겠다는 생각을 했다. 그래서 관찰이 중요했고, 관찰을 하다 보니 상사 및 동료마다 각자의 장점이 눈에 들어왔다. 그래서 회사 내에서 필자에게는 멘토가 여러 명 있다. 물론, "제 멘토가 돼 주세요!"라고 정식적으로 말하지는 않았지만, 이런 멘토가 있다는 것만으로도 이 회사는 좋은 회사라고 말할 수 있다. 필자가 멘토를 대상으로 주의 깊게 살펴보려고 했던 점은 다음과 같다.

복잡한 일은 어떤 단계로 또는 어떻게 구성해서 일을 처리할까? 업무의 우선순위를 어떻게 정할까? 업무를 얼마나 크게 보고, 또 얼마나 세세하게 확인할까? 문제점을 발견했을 때 그것이 부하 직원의 실수였을 때 어떻게 말할까? 상사는 그 위의 상사와 어떻게 대화를 나눌까? 상사는 부하 직원과 어떻게 대화를 이끌어 갈까? 등이었다.

일화를 소개해 보자면 어느 날, 상사가 팀 미팅에서 한 동료에게 업무를 관리하는 폴더 이름을 왜 그렇게 지었느냐고 물었다. 클라우드 환경에서 팀원 모두 개인에게 주어진 가상 컴퓨터를 사용하는데, 각자 사용하는 가상 컴퓨터라 하더라도 작업하는 공간은 동일하므로 서로가 서로의 폴더에 접근할 수 있다. 이 공간에는 개인마다 주어진 공간이 있고 프로젝트를 관리하는 공간도 있다. 상사는 팀원이 작업하고 있는 폴더를 보다가 폴더 이름을 왜 그렇게 지었는지 묻게 된 것이다. 팀원은 특별한 이유가 없다고 했다. 상사는 개인이 사용하는 폴더에는 어떤 이름을 붙여도 충분히 존중한다고 말을 하면서 팀원이 사용한 프로젝트 이름 짓는 방법에 착안해서 프로젝트를 관리하는 폴더는 동일한 규칙을 적용해 프로젝트 이름으로 짓는 것이 어떨지 제안했다.

"이름 짓는 일"은 별일 아닌 것처럼 보일 수 있지만, 생각해 보면 이 작업은 매우 흔하게 일어난다. 폴더 이름뿐만 아니라 코드를 작성한 파일 이름, 데이터 이름 코드에 사용되는 함수 이름, 심지어 데이터에 있는 열 이름 그리고 클라우드 환경, 데이터베이스의 데이터 테이블 이름 등 하루에도 몇 번, 몇십 번씩 이뤄지는 작업이기도 한데, 어떻게 이름 짓느냐에 따라 작업이 수월해지기도 복잡해지기도 한다. 이를테면 폴더가 많을수록, 스크립트가 많을수록, 데이터가 많을수록 필요한 것을 찾는 것이 쉽지 않을 수 있다. 결국에는 이름 짓는 작업이 정리의 문제로 이어져서 업무 효율성에 영향을 미치게 될 수 있다.

폴더 이름의 예시로 돌아가서 폴더를 만들 수 있는 작성자가 여러 명일 경우 대문자, 소문자, 띄어쓰기, 버전 이름, 폴더 생성 날짜 여부, 날짜를 표기한다면 어떻게 표기하는 것이 좋은지까지 모두가 사용할 공통된 규칙이 필요할 것이다. 그래야 내가 작업하지 않은 프로젝트의 스크립트라 하더라도 규칙을 통해 쉽게 찾을 수 있기 때문이다. 이런 상사의 제안은 아주 오래전, 그러니까 클라우드 환경을 막 사용하기 시작할 때였는데, 어떤 점이 문제가 될지 미리 파악했던 것이다.

필자가 이 상황을 오래 기억하는 이유는 필자의 안일한 사고방식을 깨우치게 된 계기가 됐기 때문이다. 데이터 사이언티스트는 예측 모델을 잘 만드는 사람이라고 제한적인 사고방식을 갖고 있었는데, 이 일 이후로는 아무리 작은 일이라도 여러 각도로 그리고 멀리서도 바라볼 줄 아는 사람이어야 한다는 것을 알게 됐다. 그러니까 아무리 사소한 작업을 하더라도 '이렇게 해도 괜찮을까? 나중에 문제되진 않을까?'라는 질문을 스스로 한 번이라도 더 던지게 된 셈이다. 내가 가진 사고방식의 틀은 어느 한쪽이 제한되거나 편파적일 수 있는데, 이 틀을 확장하는 것, 특히 외부 자극 없이 스스로 틀을 넓히는 것은 어려운 일이다. 내 사고방식을 더 넓게 확장해 줄 수 있는 사람이라면 바로 그 사람이 멘토라고 생각한다. 때로는 책이 될 수도 있고 강의가 될 수도 있지만, 회사란 조직 안에서 그런 사람이 있다면 성장 가능성이나 폭은 굉장히 높아질 것이다. 좋은 회사가 무엇인지 자신만의 정의를 내리고 싶다면 내 사고를 확장시켜 줄 동료나 상사가 있는지 찾아보자. 필자 역시 신입 직장인에게 멘토가 됐으면 하는 바람이다.

빨리 시작할수록 좋다

필자가 학생일 때를 돌이켜 보면 실제 데이터는 공공데이터나 과제를 통해 접하는 데이터와 다르다는 말에, 과연 실제 데이터는 어떤 형식일지 궁금했다. 도대체 "실무"는 "전공 공부"와 무엇이 어떻게 다른 것일까? 일반인이나 학생이 실제 미가공 데이터나 데이터베이스에 들어 있는 데이터를 접하기에는 정보 유출이나 저장 공간의 한계 등을 이유로 쉽지 않다. 따라서 직장인이 돼서야 비로소 접할 수 있는 데이터이기 때문에 실제 데이터를 다루기 시작한 신입일 경우 꼭 배웠으면 하는 점을 소개한다.

몇 년 전, 필자는 굉장히 모호한 프로젝트를 받게 됐다. 목적은 있지만, 어떻게 해결하면 좋을지에 대한 가이드라인이 없는 상황이었다. 다행히 상사의 조언은 있었지만, 조언일 뿐 이 문제를 풀어나가는 것은 오롯이 필자의 몫이었다. 일을 어떻게 시작하면 좋을까? 출발선에서 한 번도 가보지 않은 도착지까지 지름길을 찾는 것은 쉽지 않다. 지름길은커녕 도착지까지 제대로만 가면 다행이다 싶었다. '지금 내가 할 것은 무엇일까?' 업무 배경이나 목적 그리고 내가 가진 데이터부터 확인하는 것이 첫 출발이었는데, 일하는 과정에서 이 프로젝트를 머릿속으로만 생각하니, 출발점도 도착점도 잊은 채 길을 잃기 쉬웠다. 그때 필자는 진지하게 업무 정리를 하기 시작했다. 업무 내용을 일일이 적을 수는 없지만, 이제까지 일하면서 느꼈던 업무 중 가장 어려웠고 동시에 만족도가 제일 높았던 순간이었다. 비록 내가 풀어간 업무 과정이 출발지와 도착지 간의 최적화된 길이라고 단정할 수는 없지만, 업무 일지를 통해 무엇을 시도했고, 무엇이 문제였고, 무엇을 미처 파악하지 못했고, 다른 방법은 무엇이었는지 그 과정을 볼 수 있었다. 일을 막 시작한 신입이라면 지름길을 찾는 것보다 일단 스스로 길을 가보고 업무 정리를 통해 그 과정을 지켜볼 것을 적극 추천한다.

업무 정리라면 수첩, 메모장이나 달력에 정리하는 업무라고 생각할 수 있는데, 일종의 모든 과정의 기록이라고 보면 된다. '업무 정리'란 단어에서 무엇을 업무로 보고, 무엇을 정리해야 할지 쪼개서 생각해 보자. 개인이 맡은 업무는 프로젝트 전체가 될 수도 있지만, 프로젝트가 더 작은 단위인 일task로 나눠질 수 있기 때문에 개인의 업무는 여러 일 중 하나의 일이 되기도 한다. 따라서 개인이 맡은 업무는 프로젝트 규모에 따라, 주어진 시간에 따라 달라진다. 정리 방법은 다양하다. 시간 흐름별로 정리할 수 있고, 주제별로 정리할 수도 있다.

개인마다 정리 방법은 다를 수 있겠지만, 필자의 경우는 꼭 빠지지 않고 하는 정리가 있다. 바로 업무를 처음 받았을 때 엑셀 또는 워드 파일부터 정리하는 작업이다. 보통 프로젝트 규모나 복잡할 경우 엑셀 파일에서 정리하는데, 엑셀 파일의 첫 번째 시트Sheet에는 표 3-1과 같이 표를 만들고, 이 시트 이름을 '진행 과정'이라고 바꾼다. 업무를 받았을 때 업무의 목표나 필요한 정보, 어떤 데이터를 사용해야 하는지 그리고 어떤 점을 주의해야 하는지에 관한 가이드라인을 받으므로 이를 모두 정리한다. 일을 하면서 이 시트를 틈틈이 참고해서 중요한 작업을 놓치지 않도록 한다. 또한 회의를 하거나 보고할 때 어떤 내용을 언급할 것인지도 틈틈이 작성한다. 이렇게 날짜별로 정리하면 업무에서 어떤 쟁점이 있었는지, 어떤 업무를 우선시했는지를 알 수 있다.

날짜	진행 사항	참고 / 출처
업무 시작 날짜	• 업무 최종 목적/목표 및 배경 상황 • 사용할 데이터 출처 • 주의점 • 업무 예상 일정	
(앞으로 있을) 회의 날짜	• 미팅할 때 논의하거나 확인해야 할 점 정리 (업무를 하면서 이 부분을 채워 넣음)	

표 3-1 | 업무 일지 엑셀 첫 번째 진행 과정 시트

7 　　　업무 범위 추정해 보기

　　　　　같은 데이터 사이언티스트라고 해도 경력에 따라
하는 일은 다르다. 따라서 경력에 따라 '무엇'이 다른지 생각해 봐야
한다. 왜냐하면 내가 이 일을 계속한다고 가정했을 때 결국 미래의
내가 해야 할 일이기 때문이다. 이제 경력에 따른 일의 범위를 추정
해 보자.

　　　아주 단순하게 신입의 입장부터 생각해 보자. 필자가 정말 신입이
었을 때 처음 맡았던 일은 주어진 데이터를 갖고 k-최근접 이웃을
사용한 변수를 만드는 일이었다. 이 업무에서 최종 목표는 새로운 변
수를 어떻게 만들었는지 그 코드를 상사에게 제시하면 그것으로 끝
이었다. 신입이 회사에 어떤 데이터가 있는지 배경지식이 없는 상태
에서 예측 모델을 만드는 작업은 힘들기 때문에 이런 작업보다는 예
측 모델을 만드는 작업 중 일부 데이터를 갖고 특정 알고리즘을 사용
해서 새로운 데이터를 만드는 작업이 더 적합하다고 볼 수 있다. 이
제 범위를 생각해 보면 내가 접근할 수 있는 데이터, 작업 환경 그리
고 일에 대해 보고하는 사람이 누구인지 정도를 고려해 볼 수 있다.
가상 컴퓨터에서 데이터베이스 중 일부, 그것도 몇 개의 데이터에만
접근해서 작업을 하고 상사에게 코드를 넘기는 정도의 범위이다.

그렇다면 이제 상사의 입장에서 생각해 보자. IT팀이 어떻게 구성됐느냐에 따라 다를 수 있겠지만, 보통 개발을 하고 이것을 실제 서비스로 운영하기까지 개발development, 테스팅testing, 스테이징staging, 운영 환경 등 여러 단계로 나뉜다. 상사는 어떤 환경이냐에 따라 접속하는 데이터가 다를 것이다. 또한 예측 모델을 만드는 프로젝트라 하더라도 이 파이프라인이 어떤 클라우드 서비스를 사용할지를 고려해야 하고, 이와 관련해 IT팀 협업을 이끌어 가야 하고, 당시 필자와 같은 부하 직원에게 일부 일을 할당하기도 해야 한다. 프로젝트를 완성하는 과정에서 상사에게 보고해야 하고, 일을 최종적으로 완성하면 전체 팀이나 클라이언트와 미팅하는 상황이 있을 수도 있다.

상사의 상사 입장에서 생각해 보면 운영되는 서비스 중 클라이언트나 회사 팀에서 개선점이나 다른 제안을 받을 일이 많다 보니 앞으로 어떤 프로젝트를 진행해야 할지, 그래서 현재 진행되는 프로젝트가 언제 마무리되고, 앞으로 어떤 일을 제안해야 할지 많은 고민을 할 것이다. 커뮤니케이션 상대는 주로 클라이언트나 회사 내의 직급이 높은 사람이 될 수 있다. 개발 자체의 업무 비중은 줄어든 반면, 개발된 서비스나 앞으로 개발해야 할 것에 대해 전문가나 비전문가와의 커뮤니케이션 업무 비중은 높을 것이다.

경력에 따른 일의 범위를 따져볼 때 단순히 어떤 일을 해야 하는지 뿐만 아니라 어떤 사람과 어떤 이야기를 나눠야 하는지를 살펴보는 것이 중요하다. 필자의 경우 일할수록 데이터 사이언티스트가 하는 일은 다리와 같은 역할이라는 느낌이 들 때가 많다. 데이터에 대해 어떤 데이터를 사용하고 어떻게 이해할지 궁금할 경우 데이터를 관리하고 저장하는 일에 집중한 데이터 분석가와 협업하고, 이 데이터가 어떤 과정으로 어느 데이터베이스에 저장되는지 알기 위해 데이터 엔지니어와 협업하고, 데이터 사이언티스트가 만든 모델을 어떤 파이프라인으로, 어떤 서비스로 구현할 것인지 IT팀과 이야기를 나누면서 협업하는 경우가 많기 때문이다. 프로젝트가 개발에서 실제 서비스로 운영되기까지 상사나 클라이언트와의 커뮤니케이션은 굉장히 중요하다. 이때 상대방마다 갖고 있는 이해관계가 다르고, 상대방의 데이터과학에 대한 전문 지식 정도도 다르기 때문에 이것을 풀어나가는 과정 역시 업무에 있어서 중요하다.

신입이라면 회사에서 상사는 어떤 일을 하는지 주의 깊게 관찰해 보면 어떨까 제안해 본다. 이를테면 미팅이 있다면 어떻게 프로젝트를 소개하고, 어떻게 주제를 끌어내고, 어떻게 업무를 제안하는지와 같은 일에 대한 관찰 말이다. 현재 일과 앞으로 해야 할 일의 범위를 이해할수록 내가 가야 할 방향성을 찾는 데 굉장한 도움이 될 것이다.

이제까지 신입 직장인에게 도움이 될 만한 것을 소개했는데, 필자가 생각하기에 데이터 사이언티스트가 가져야 할 중요한 습관은 바로 "질문하기"이다. 업무를 하다 보면 하루에도 수십 번은 스스로 질문을 한다. '이게 맞는 방법일까? 좀 더 간단하게 계산할 수 없을까?

계산이 정확하게 됐을까? 이 흐름이 맞나? 순서를 바꾸면 낫지 않을까? 이 데이터를 저장하는 게 나을까? 저장을 어디에 할까?' 등등 셀 수 없는 질문을 던진다. 이처럼 질문을 던진다는 행위는 내가 무엇을 진지하게 생각했기 때문에 그런 것이다. 생각이 많은 날은 유독 피곤하듯이, 의식적으로 무엇을 계속 생각하는 것은 쉽지 않다. 아무 생각 없이 일하다 보면 의도치 않게 실수를 한다거나 번복해서 일을 해야 하는 경우가 생겨서 필자는 의식적으로 생각하는 습관을 가지려고 노력했다. 이 내용은 『데이터 사이언티스트 실전노트』 책에서 상황을 제시해 가며 어디에 질문을 던져야 하는지 그리고 어떻게 답을 찾아야 하는지 그 과정을 소개했다.

8 필자의 현타 극복기

직장인이라면 사내 정치나 상사 및 동료와의 관계에서 필요 이상으로 정신을 쏟을 때가 있다. 동료의 진급이나 더 나은 직장으로의 이직, 일한 만큼 대우를 받지 못했다고 생각할 때, 일로 인해 건강이 안 좋아졌을 때와 같은 일이 생기면 현실 자각 타임, 즉 현타가 오기 마련이다. 필자 역시 한국에서 그리고 캐나다에서 직장 생활을 하면서 현타의 순간이 있었다.

한국에서 직장 생활할 때의 일이다. 장염으로 출근하기 힘든 상태였는데, 다음 날 중요한 회의가 있어 출근을 했다. 점심 시간에 수액을 맞고 일하고 있는데, 퇴근하기 2시간 전에 상사가 "지영 씨, 오늘 많이 아프니까 이것만 끝내고 퇴근하세요."라고 했다. 제삼자에게는 이 말이 배려심 있는 말로 들렸겠지만, 그 일은 금방 끝날 일이 아니었다. 결국 여느 때처럼 밤 9시가 지나 퇴근할 수 있었다. 퇴근길 내내 중요한 미팅을 앞두고 컨디션 관리를 못한 것, 몸이 아프니 일의 속도가 나지 않은 것 등 마치 모든 것이 내 잘못인 것 같아 괴로웠다. 또한 이렇게 몸이 아프면 강력하게 병가를 냈어야 했는데, 그렇게 말하지 못한 나 자신이 답답했다. 그날 밤, '이런 것이 직장인의 삶이구나. 또 아프면 어떻게 해야 하지? 가족이 아프면, 결혼해서 아이가 아프면 어떻게 직장 생활을 해야 하는 걸까?'를 걱정하며 잠들었다. 지금도 그 순간을 기억하는 것을 보면 꽤 강력한 현실 자각 타임이었다. 그렇다면 캐나다에서의 직장 생활은 어떨까?

몇 달 전, 아이가 알 수 없는 이유로 고열에 시달렸다. 이틀이 지나도 열이 떨어지지 않아 집에서 아이를 돌봐야 했는데, 이럴 때는 개인적인 일로 사용할 수 있는 휴가, 일종의 병가를 사용할 수 있다. 문제는 아이 두 명이 번갈아 아플 때이다. 이 기간 모두 병가를 낼 수도 없는 노릇이라 낮에 일을 못하면 대신 저녁에 일할 수 있도록 배려해준다. 그러다 보니 필자도 며칠 동안 늦은 시간에 상사에게 이메일을 보낸 적이 있었다. 왜냐하면 중요한 회의가 있었고, 그 회의 준비를 하려면 업무가 어떻게 진행되고 있는지 계속 보고해야 했기 때문이다. 그랬더니 어느 날, 상사가 "낮에 아이를 돌보고 저녁에 일해도 좋지만, 그러면 너도 아플 수 있으니까 조금만 일해도 괜찮다. 아무리 회의가 중요해도 너의 가족과 건강만큼 중요한 회사 일은 없다."라고 말했다. 어쩔 수 없이 생긴 일로 인해 우선순위가 바뀌면 안 된다는 말이었다. 이 일은 좋은 의미로 충격이었는데, 언젠가 팀 리드Team Lead로 일하게 되면 어떤 마음가짐으로 일하고 아랫사람이나 동료를 대해야 할지 배우게 된 순간이었다. 이 정도는 소소한 에피소드에 불과한 현타였고, 진정한 현타 순간을 어떻게 극복했는지 소개한다.

내 머리 위로 날아가는 그들

필자는 한국에서 언론 정보학을 전공했다. 경제나 경영을 전공했다면 수학을 어느 정도 접할 기회가 있었겠지만, 수능 이후 수학을 마주한 적이 없었기에 서른 살에 토론토 대학교에서 통계학을 전공하는 데는 큰 용기가 필요했다. 그나마 용기를 낼 수 있었던 것은 1학년 수학 강의 내용이 고등학생 때 배웠던 미분, 적분이었기에 한 번 강의나 들어 보자는 가벼운 마음이었다. 1학년 수업은 이과 전공생 모두 듣는 수업이다 보니 강의 때마다 2백 명이 훌쩍 넘는 학생들이 들어갈 수 있는 큰 강의실에서 진행됐다. 필자는 거의 매번 뒷자리에 앉아 강의를 들었다. 강의를 들으면서 예전 기억을 되짚어가며 '나는 수학 문제를 외우는 기계이다.'라는 마음으로 공부… 아니, 버텼다고 표현하는 것이 더 맞겠다. 좋은 성적은 아니었지만, '수학도

외우면 되는구나.'라는 마음으로 1년 더 다녀보기로 했다.

2학년 수업은 백 명 남짓한 학생들이 들어갈 수 있는 강의실이었는데, 하필 수업 첫날 지각을 했다. 물론, 대학교 수업은 출석을 체크하지 않기 때문에 지각해도 문제는 되지 않지만, 필자는 한 번이라도 수업에 빠지면 따라잡기가 힘들었다. 뒤늦게 도착한 강의실, 수업 첫날이다 보니 학생이 많았고 그래서 남아 있는 자리가 맨 앞자리 하나뿐이었다. 어쩔 수 없이 그 자리에 앉게 됐는데, 그날 처음 '괜히 공부한다고 했나?'라는 자괴감이 들었다. 이미 수업이 진행 중이었기 때문에 강의 내용을 빨리 받아 적으려고 노트를 꺼내 들었다. 내용이 얼마나 나갔는지 몰라 옆 학생의 노트를 살짝 보려고 했는데, 책상에 아무것도 없었다. 다른 쪽도 마찬가지였다. 학생들은 영화관에 앉아 있는 것처럼 굉장히 편안한 자세로 강의를 듣고 있었다. 이후 주변 학생들을 살펴봤다. 노트 필기 없이 교수님의 강의 내용만 집중해서 듣는 학생이 의외로 많다는 것을 알게 됐다. 교수님이 질문을 던지면 꼭 답변하는 사람은 이렇게 수업에 집중하는 학생들이 대부분이었다. '4학년 전공 수업은 수강생이 기껏해야 10~20명 남짓이라고 하는데, 저런 학생들만 남게 되는 것은 아닐까? 여기 학생들 중에서 나만 이해를 못하나? 나만 어렵다고 생각하나? 괜히 시작했나?' 순간 한없이 초라해졌다. 토론토 대학교는 성적받기 힘든 학교로 유명했는데, 1~2학년 평균 학점이 C 정도이고, 전체 학생 중 하위 10%는 F를 받는 수업도 있었다. 그래서 느긋하게 수업을 듣고 교수님과 토론까지 하는 학생들을 보면서 '과연 나는 졸업할 수 있을까?'라는 의구심을 품은 채 4년 내내 현타인 상태로 학교를 다녔던 것 같다. 나보다 잘하는 사람을 만나는 경우는 직장인이 돼서도 마찬가지였다. 어찌 보면 필자는 수학을 잘하는 것도 아니고, 그렇다고 현지인처럼 영어를 잘하는 것도 아니기 때문에 시험이나 취업처럼 경쟁해야 하는 상황에서 '내가 승부를 걸 수 있는 게임을 하고 있는 걸까?'라는 생각을 참 많이 했었다. 그런데 지금은 잘하는 사람을 보면 오히려 반갑고 감사한 마음이 든다. 이렇게 마음이 바뀌게 될 때까지 오래 걸렸는데, 돌이켜 보면 오래 걸릴 일이 아니었다. 어느 그룹에나 나보다 뛰어난 사람은 있다.

물론, 학생일 때는 공부를 잘하는 사람, 직장인일 때는 일을 잘하는 사람과 비교하며 '나는 왜 이게 부족할까?'라는 생각을 할 수 있는데, 어찌 보면, 그것은 삶을 1차원적으로 내 위치와 상대방의 위치를 점으로 찍어 비교하는 것밖에 되지 않는 일이다. 실험에서는 집단 간을 비교할 때 두 집단에서 모든 것을 최대한 동일하게 맞추고 비교하고자 하는 부분만 다르게 설정한다. 그리고 실험에 따른 결괏값을 얻었을 때 비로소 비교할 수 있다. 하지만 우리는 각자의 삶을 살아가는 데 있어서 상대방이 가진 뛰어난 능력과 그것이 부족한 나를 늘 비교한다. 그 비교 자체가 굉장히 의미 없고, 이 의미 없는 비교에 내 목표나 의욕까지 영향을 미칠 이유가 전혀 없는데도 말이다. 이것을 좀 더 일찍 깨달았더라면 더 편안한 마음으로 학교를 다니지 않았을까 하는 생각이 든다. 언제, 어디서나 내 머리 위로 날아가는 사람들이 있다. 경쟁 구도가 아니기 때문에 다른 각도로 보면 그저 사람마다 다를 뿐이다.

이제는 그런 사람들을 보면 반가운 마음부터 든다. 데이터과학 업무 중에는 문제를 찾아 해결하는 일도 있는데, 일 잘하는 동료가 작업한 코드를 보면 이 문제를 어떻게 정의하고, 어떤 과정을 통해 이것을 활용할 수 있는가를 배우게 된다. 그 사람이 가진 능력에 주눅들기보다는 오히려 나보다 뛰어난 사람의 일처리 방법을 배울 수 있는 것에 감사함을 느낀다. 이런 사람이 주변에 많을수록 나 역시 배울 기회가 많아진다. 꼭 주변이 아니더라도 SNS가 활발하다 보니 나이와 상관없이 분야를 초월해서 나보다 뛰어난 사람을 찾는 것이 너무 쉬워졌다. 과거의 필자처럼 다른 사람과의 비교를 통해 내 목표나 의지가 흔들린다면 내가 저차원적인 비교를 하고 있는 것은 아닌지 생각해 봤으면 한다.

나에게 득이 되는 실수

회사 생활에는 내가 통제할 수 있는 일도 있고, 통제할 수 없는 일도 있다. 사내 정치나 인간관계, 어쩔 수 없는 상황 등은 내가 온전히 통제할 수 있는 일이 아니다. 하지만 나에게 주어진 일 자체는 온전히 내가 통제할 수 있다. 회사 일로 스트레스를 받을 때마다 그 원인이 내가 통제할 수 없는 것인지, 통제가 가능한 것인지를 나눠 보기로 했다. 내가 통제할 수 없으니까 스트레스를 받는 것이겠지만, 한편으로는 내가 어찌할 수 없는 부분까지 필요 이상으로 스트레스를 받아야 하나라는 생각을 하니 마음이 한결 편안해진 적이 있었다. 하지만 내가 통제할 수 있었음에도 불구하고 그렇지 못해 현타가 오는 경우도 있다. 그중 하나가 업무 실수를 했을 때이다. 이를 테면 다음과 같은 상황이다.

회사 데이터베이스에 저장된 데이터 이외에 새로운 데이터를 얻었다고 생각해 보자. 이 데이터는 회사 데이터베이스에 저장된 데이터와 비슷한 형식을 갖고 있어서 큰 처리 작업 없이 기존 데이터와 합쳐서 저장할 수 있지만, 그렇지 않은 경우가 훨씬 많다. 데이터가 미가공돼 있거나 기존 데이터와 다른 형태로 돼 있어서 새로운 데이터를 기존 데이터 형식에 맞게 바꿔야 하는 작업이 필요하다. 또는 원하는 값을 계산하기도 하는데, 이 과정에서 함수나 알고리즘을 만들어 데이터를 처리하도록 한다. 만드는 과정을 보면 데이터를 보고 어떤 과정을 통해 값을 계산해야겠다는 흐름을 구성한다. 데이터 사이즈가 커질수록, 미가공 데이터일수록 계산하는 과정에서 조건이 더 생겨 알고리즘이 복잡하게 되는데, 조건을 잘못 만든다거나 중요한 조건을 놓친다거나 하는 이유로 실수하기도 한다. 물론, 프로젝트 도중 발견해서 문제를 해결했다면 괜찮았겠지만, 필자의 경우 프로젝트가 끝난 후 클라이언트로부터 오류를 지적받은 상황이어서 놀랐던 기억이 있다.

'어떻게 그걸 확인 못했지?'
'어떻게 그걸 놓칠 수가 있었지?'
'도대체 무슨 정신으로 일했지?'

한동안 이런 마음으로 괴로웠다. 신입이었을 때는 데이터를 처리하는 것이 아직 미숙해서 그런 것이라고 생각하며 넘기겠지만, 연차가 있는데도 실수를 하고 보니 부끄러움과 동시에 실력의 한계까지 느끼며 자책했다. 무엇에 실수했는지 오류를 찾은 후 수정하고, 다음에는 더 주의하겠다는 멘트와 함께 수정한 작업을 보고했다. 독자분들이 상사라면 이런 상황에서 부하 직원에게 어떤 말을 해주겠는가?

필자의 경우 상사가 자기는 위도와 경도 값을 바꾼 적도 있었다며 괜찮다고 위로해 줬다. 사람은 누구나 실수를 한다. 문제점을 찾았고 그것을 고쳤다는 것이 중요하다고 말해줬다.

글을 쓰면 오타도 생기고, 앞뒤 말이 안 맞는다거나 글 흐름이 자연스럽지 않은 경우가 생기기도 한다. 데이터 사이언티스트의 작업 중 대부분이 코드를 작성하는 일인데, 코딩도 프로그래밍 언어로 컴퓨터가 이해할 수 있도록 글을 작성하는 것이다. 코드가 천 줄, 이천 줄 이상 넘어가게 되고 흐름이 복잡해지고 다루는 데이터가 복잡해지면 실수가 생기는 것은 어쩔 수가 없다. 그러니 업무 과정에서 문제가 생기더라도 이를 최대한 빨리 발견하고 고치는 것이 가장 이상적이다. 그렇게 하기 위해서는 팀에서 업무가 어떻게 진행되고 있는지 커뮤니케이션을 더 적극적으로 한다거나 코드를 리뷰한다거나 하는 등의 과정이 필요하다.

지금도, 아니 어쩌면 이 일을 하는 동안 쭉 일하면서 실수하지 않았는지, 생각지 못한 오류가 있는 것은 아닌지에 대한 걱정은 늘 함께할 것이다. 물론, 지금도 실수한 것을 발견할 때는 마음이 철렁 내려앉는 것은 변함없지만, 이 불편한 마음을 계속 끌고 가지 않으려고 노력한다. 이 실수를 통해 무엇을 얻었는가에 집중하면 결국 많이 발전하는 계기가 되기 때문이다. 실수가 생긴 것은 의도하지 않은 일이지만, 이 실수를 통해 내가 성장할 수 있느냐 없느냐는 바로 내 의지에 달려 있다.

번아웃의 시작과 끝

흔히 직장인 3년 차, 6년 차, 9년 차에 번아웃이 온다고들 한다. 물론, 번아웃이 왔다고 느끼는 시기와 그 정도는 개인마다 다를 수 있다. 하지만 분명한 것은 연차가 쌓일수록 번아웃을 마주할 확률이 높아진다는 것이다. 필자는 직장인으로 1년이 채 되지 않았을 때 번아웃이 왔다. 처음에는 감기 기운이 있는 것처럼 일에서 집중력이 떨어지는 정도였는데, 이것이 번아웃일 것이라고는 전혀 생각하지 못했다. 그러다 어느 순간 아무것도 하지 않고, 어떤 것도 할 수 없게 됐고, 이 상태가 번아웃이라는 것을 알게 됐다. 처음에는 번아웃에서 벗어나야겠다는 생각에 계획도 세워봤지만, 그 마음가짐이 오래가지 않았고 무엇을 하려고 노력할수록 오히려 몸과 마음이 더 지치는 느낌이 들었다. 무엇을 하긴 해야 하는데 그렇다고 딱히 무엇을 하지 않는 상태가 지속되다 보니 이것 자체만으로도 굉장한 스트레스였다. 일에 집중해야 하는데 집중이 안 되면 호흡이 가빠지기도 했다. 굉장히 하고 싶었던 일인데, 그래서 오랫동안 공부했고 힘들게 취업했지만, 다음 날 출근해야 한다는 것이 너무 괴롭다니! 내 감정에 대한 이해가 필요했다. 당시에는 생각지 못했는데, 이제 와서 돌이켜보니 본격적인 워킹맘으로서의 적응 단계가 필요했던 것 같다.

번아웃이 언제 시작됐고 언제 끝났는지 기억이 흐릿하지만, 지금까지 선명하게 기억나는 날이 있다. 그날 역시 새벽에 아이에게 약을 발라주고 잠을 자려고 했는데, 잠이 오지 않았다. 몇 시간 뒤에 출근해야 하는데, 오늘은 어제보다 더 힘든 하루가 되겠다고 생각하니 하루에 단 몇 분만이라도 편한 마음을 갖고 싶다는 욕구가 컸다. 휴가를 다녀오면 괜찮아질 것으로 생각했지만, 일상으로 돌아가는 날이 다가올수록 더 힘들었던 기억이 있다. 잠깐의 휴식이든 휴가이든 결국 하루 24시간 중 가장 많은 시간을 할애하고 있는 부분에서 변화가 필요하다는 것을 깨달았다. 그 변화는 하루아침에 이뤄질 수 없고 휴가로 잠시 회피할 수 있는 기회도 제한적이기 때문에 궁극적인 변화가 있기 전까지 가장 힘들고 괴로운 순간을 버틸 수 있도록 힘든 순간에 나에게 스스로 가장 좋아하는 것을 해주기로 했다. 이를 테면 출근이 힘들었다면 가장 좋아하는 커피를 마신다거나 오랜 시간 앉아 있었다면 회사에서 조금 멀리 떨어진 곳으로 점심을 사서 산책을 한다거나 회의 전에 화장실에서 좋아하는 음악 한 곡을 듣고 온다거나 하면서 내가 좋아하는 것을 적어서 일상에서 가장 힘들 때 가장 좋아하는 일과 연결하고자 했다.

나 자신이 가장 힘들 때 내가 좋아하는 것을 주려고 했더니 나는 어느 순간이 힘든가를 더욱 구체적으로 생각할 수 있게 됐다. 일 자체에 대한 불만이 아니라 결국 일과 관련된 환경이 불만이었다는 것을 깨달았다. 구체적으로 아이들과 순수하게 함께할 수 있는 시간이 하루 2시간도 안 되는데, 왕복 출퇴근 시간으로 3시간을 소요하는 것이 싫었다. 출퇴근이 힘드니까 출근이 싫어지고, 출근을 해야 하는 매일 아침이 싫어지고, 아침이 싫으니까 밤에 아이들을 재우고 집안 정리를 하며 하루를 정리하는 그 순간도 싫어졌다. 결국 번아웃에서 벗어나기 위해서는 변화가 필요했고, 이 궁극적인 변화는 이직이나 이사로 결론을 내렸다. 그렇게 출퇴근 시간이 3시간에서 30분으로 줄어들자 이 시간에 무엇을 해야겠다는 의지가 생기게 됐고 번아웃에서도 벗어날 수 있었다. 직장 생활과 아이들의 학교 생활이 좀 더 수월한 지역으로 이사하게 되면서 모든 생활에 균형이 맞춰진 느낌이었다. 체력이나 마음가짐이 온전한 상태가 될 수 있도록 환경을 설정하는 것이 필요했다.

물론, 사람마다 번아웃이 오는 이유는 다르겠지만, 만약 그 이유를 모르겠다면 내가 인지하고 있지 못했을 뿐, 체력이나 마음가짐이 나만의 적정 범위에 있는지 확인해 보는 것을 추천한다. 선택과 집중에서 때로는 균형이 필요하기 때문이다.

이제까지 현타 에피소드와 극복기를 소개했다. 필자에게 일이란 생계인 동시에 자아실현이나 사회 참여에 대한 목적도 있다. 그래서 오래 일하고 싶은데, 그러다 보면 앞으로 더 많이 또는 더 다양한 이유로 현타의 순간이 올 것이다. 현타가 긍정적인 자극이라면 환영할 만한 일이지만, 그렇지 않다면 현타를 마주하고 싶지 않은 것이 솔직한 마음이다. 또한 나로 인해 다른 동료가 필요 없는 현타가 오지 않았으면 하는 바람도 있다. 그럴 경우 내가 할 수 있는 일은, 현타가 올 만한 상황이나 스트레스가 될 수 있는 상황이 내가 통제할 수 있었던 일인가, 그렇지 않은 일인가를 구분해 보는 것이다. 내가 가진 에너지는 한계가 있는데, 필요 이상으로 내 에너지를 그것도 불필요한 곳에 쏟는다면 나에게 득이 될 게 없기 때문이다. 내가 통제할 수 없는 부분인데, 계속 현타가 와서 엄청난 스트레스를 받는다면 내가 통제할 수 있는 곳으로 이직해야 한다고 생각한다. 이렇게 글이나 말로는 쉽지만, 이직과 같은 환경의 변화를 주기는 쉽지 않다. 내 삶에서 우선순위가 무엇인지를 반복해서 되새기는 일이 중요하다.

이직 이야기, 생존 전략

필자는 두 번의 이직 경험이 있다. 첫 번째 직장인 온라인 디지털 마케팅 회사에서 보험 및 부동산 관련 산업으로, 그다음은 제약회사 커머셜 팀으로 이직했다. 이직한 이유는 크게 2가지이다. 첫 번째는 연봉이다. 기존 회사에서 매해 연봉 협상을 하더라도 이직으로 인한 연봉 상승이 훨씬 크기 때문이다. 물론, 오랜 경력으로 이미 연봉 범위의 최대치에 도달했다면 이직을 통한 연봉 상승은 기대하기 힘들 수 있지만, 10년 이하의 경력인 경우 이직으로 연봉을 높이는 경우가 많다. 두 번째는 커리어 측면이다. 데이터 사이언티스트는 경력이 쌓일수록 산업에 대한 지식이 쌓이게 되고, 이를 도메인 지식이라고 한다. 유통업에서 오랜 경력을 쌓은 후 제약 분야로 이직하는 것이 쉽지 않은 것처럼 오랜 경력이 쌓이기 전에 내가 일하고 있는 분야가 내가 관심 있는 분야인지 고민하는 동료를 많이 봤다.

이 2가지 이유는 현실과 미래 측면인데, 둘 중 하나를 고민하게 되면 결국 이직이라는 선택에 놓이게 된다. 하지만 이직이 쉬운 것은 아니다. 경력직으로의 이직은 신입보다 쉽지 않을까 생각했지만, 경력자와의 경쟁이기 때문에 결코 쉽지 않다. 최근 이직했을 때도 서류 심사, 인사 팀 전화 면접, 2시간 코딩 및 기술 시험, 1차 면접, 2차 면접의 과정을 거쳤다. 연봉 인상뿐만 아니라 글로벌 회사의 마케팅 전략을 배울 수 있다는 점, 여러 부서를 이동할 수 있다는 점 그리고 그

동안 관심 있던 제약산업이라는 점을 고려했을 때 다양한 경험을 쌓을 수 있을 것이란 기대에 이직을 결정했다.

이직이 힘들다고 하지만, 가장 큰 어려움은 이직을 하고 나서이다. 익숙한 곳에서 익숙하지 않은 곳으로의 이동은 용기가 필요하다. 특히 경력자일수록 빠른 시일 내에 성과를 내야 할 것 같은 압박 속에서 새로운 업무 구조, 새로운 플랫폼이나 환경에서 배워야 할 것도 많기 때문에 이직을 하면 적응하기까지 당연히 스트레스를 받을 수밖에 없다. 필자는 성격이 급한 반면에 배우는 속도는 느린 편이다. 하지만 일을 배우는 속도보다는 적극적으로 배우려는 자세가 제일 중요하다고 생각한다. 회사는 일의 속도나 일의 양으로 직원의 성과를 평가할 수 있지만, 그것은 회사의 입장이고 이것으로 스스로 내자신을 평가하지 않도록 의식적으로 노력하고 있다. 일의 속도, 일의 양보다는 하나의 일을 하더라도 제대로 하는 것, 이것이 내가 취해야할 자세라고 생각한다.

새로운 조직에 들어가면 이미 그 조직에서 해왔던 업무가 있기 마련이다. 적극적인 자세로 이 업무를 이해하는 것이 가장 중요하다. 이해한다는 것은 여러 가지로 접근해 볼 수 있는데, 이 프로젝트를 누가 했는지, 어느 팀에서 했는지, 어떤 일정으로 했는지, 어떤 실험을 했는지, 어떤 목적으로 했는지, 어떤 문제점은 없었는지, 어떻게 활용되고 있는지, 내가 맡는 일은 이전 프로젝트와 어떤 관계가 있고 내가 해야 할 일은 무엇인지, 내가 어떤 것을 배우면 이 일을 더 효과적으로 할 수 있는지, 내가 모르는 일은 무엇인지 등 여러 각도로 생각해 볼 수 있다. 이때 질문을 던지고 답을 찾는 과정에서 동료나 상사에게 조언을 구하는 것도 좋은 방법이다. 물론, 당장 코드를 작성하고 성능을 내야 하는 압박을 받을 수도 있겠지만, 앞서 제시한 상황을 알지 못한다면 내가 작성하는 코드가 제대로 됐다고 말할 수 있을까? 조직이나 팀 분위기가 다르기 때문에 직장 생활에 대한 답이 없겠지만, 필자는 이런 마음가짐으로 새로운 조직을 익히려고 한다.

필자 역시 스트레스받는 일도 많다. 하지만 필자의 직장 생활은 마치 내가 생활하는 데 있어서 마주하는 날씨라고 생각한다. 비가 오기도 하고, 춥기도 하고, 때로는 화창하기도 한 그런 날씨 말이다. 비가 오면 왜 비가 오는지 원망하기보다 우산을 쓰거나 비를 피할 곳을 찾는 것이 더 나은 선택이다. 내가 감당할 수 없는 비라면 차라리 그 장소를 피하는 것이 더 현명하다. 물론, 장소를 옮기더라도 비가 오는 날도 있겠지만, 날씨를 적당히 이해하고 대처하는 마음은 커질 것이다. 매일 날씨가 좋을 것이라고 기대하지 않고, 어떤 날씨라도 그 날씨에 맞게 무엇을 준비할지 알아보고, 날씨는 언젠가는 변할 것이라는 마음으로 내가 맡은 일을 하며 지낸다. 새로운 트렌드를 따르고 새로운 지식을 배우고 새로운 플랫폼을 배우는 것보다 내 마음을 편히 갖도록 하는 것이 필자의 생존 전략이다.

9 데이터 사이언티스트의 직업 전망, 앞으로의 계획 세우기

많이 듣는 질문 중 하나가 "데이터 사이언티스트 직업 전망이 어떤가요?"이다. 결이 비슷한 질문으로는 주로 면접에서 자주 나오는 질문 중 하나인 "당신의 5년 뒤, 10년 뒤 모습은 무엇입니까?"가 있다. 물론, 첫 번째 질문에서 답변의 대상은 불특정 다수 또는 상대방이고, 두 번째 질문에서 답변의 대상은 나 자신으로 답변의 대상이 다르다는 것이 두 질문의 차이점이다. 하지만 현재 기준에서 특정 미래 시점을 전망한다는 공통점을 갖는다. 이 질문을 받을 때마다 "저도 모르겠는데요."라고 말하고 도망치고 싶다는 생각을 한다. 왜냐하면 답변의 대상이 누구인지를 떠나서, 전망이 맞고 틀리고를 떠나서 '전망'이란 단어에 숨어 있는 함정에 빠지지 않았으면 해서이다.

긍정적인 전망이란 함정

어떤 값을 예측할 때 현재를 기준으로 먼 미래를 예측할수록 오차범위가 커질 수밖에 없다. 전망도 결국 현재를 기준으로 1년 뒤, 5년 뒤, 10년 뒤를 예측하는 것이므로 먼 미래로 갈수록 오차가 커진다. 일에서 예측값은 어쩔 수 없는 오차라고 생각할 수 있지만, 직업 전망을 바탕으로 진로를 결정한다면 전망에 대한 오차 역시 생각해 봐야 한다. 그렇다면 오차가 포함된 전망부터 해보자.

　구체적인 값을 계산하기보다 맞출 확률을 높이기 위해 +와 -, 즉 전망이 '좋다/긍정적이다'와 '나쁘다/부정적이다'라는 두 상황으로만 분류해 보자. 누구에게 긍정적인가, 부정적인가, 즉 +와 -로 느끼는 대상은 오롯이 구직자 또는 현업자의 입장만 고려한다. 두 상황으로 분류할 때 여러 요인이 있겠지만, 가장 중요한 요인으로는 수요와 공급을 꼽을 수 있다. 수요는 데이터 사이언티스트를 고용하는 회사를 말하고, 공급은 구직자 및 현업자를 말한다. 구직자 및 현업자 입장에서 생각해 본다면 시장에 나와 있는 이들의 수보다 이들을 고용하려는 회사가 많아야 구직자와 현업자가 생각하기에 전망이 좋다고 판단할 확률이 높다. 반대로 구직자 및 현업자 수가 이들을 찾는 기업보다 월등히 많다면 구직자는 '과연 내가 일할 만한 회사가 있을까?', 현업자는 '이러다 내가 회사에서 잘리는 건 아닐까?' 또는 '다른 일을 알아봐야 하나?'라는 생각으로 전망이 좋지 않다고 판단할 확률이 높다.

　그렇다면 현재는 어떤 단계일까? 지금은 다양한 산업에서 데이터를 확보하기 위해 데이터 플랫폼이나 클라우드 환경과 같은 시스템의 도입이 적극적으로 이뤄지고 있다. 데이터를 확보하는 이유는 기업에서 수많은 의사 결정을 하는데, 결정 시 데이터를 통해 하면 결정에 대한 실패 확률을 줄일 수 있기 때문이다. 우리도 데이터를 보

자. 미국노동통계국U.S. Bureau of Labor Statistics의 2022년 3월 31일 업데이트된 자료에 따르면, 미국 전체 데이터 사이언티스트는 113,300명이다. 캐나다의 경우에는 캐나다 정부 사이트Canada Job Bank에서 제공한 2018년 기준 데이터 사이언티스트는 36,300명으로 집계됐다. 미국과 캐나다에서 데이터 사이언티스트의 직업 전망은 다음과 같다. 미국의 경우 전체 모든 직업을 고려했을 때 2021~31년까지 예상되는 고용률은 평균이 5%인데, 데이터 사이언티스트의 고용률은 36%로 전망하고 있다. 따라서 직업 전망이 아주 긍정적이라고 해석할 수 있다. 캐나다 경우 2019년 자료에 따르면, 2028년에는 인력 부족으로 이 직업의 전망이 좋다(별 3개 중 별 3개로 만점)고 평가했다. 현업 종사자 입장에서 이처럼 북미의 긍정적인 직업 전망은 환영할 만한 자료이다. 하지만 현업 종사자 입장에서 생각해 볼 점이 있다.

우선 수요를 생각해 보자. 수요를 결정하는 요인은 여러 가지 있겠지만, 필자는 가장 중요한 요인 중 하나로 '업무의 자동화'를 꼽는다. 물론, 이 말은 오래전부터 기계, 로봇, 인공지능 등으로 대체할 직업, 그렇지 않을 직업을 이야기할 때 자주 들어봤을 것이다. 오늘날 '업무의 자동화'는 특정 직군, 직업에만 영향을 주는 것이 아니다. 모든 직군에서 불필요한 작업이나 반복되는 작업은 '자동화'를 통해 점점 대체되고 있다. 데이터 사이언티스트 직업 역시 마찬가지이다.

이를 테면 머신 러닝을 이용해서 예측값을 계산하는 모델이나 알고리즘이 있다고 해보자. 새로운 데이터를 얻게 되면서 이 데이터를

190

사용했을 때 예측 모델의 성능이 향상되는지, 그렇지 않은지를 알고 싶다. 그림 3-3에서 왼쪽의 업무 흐름을 보자. 필요한 데이터를 준비해서 예측 모델에 필요한 데이터 정리 과정을 거쳐 예측 모델을 만들었다. 물론, 이 과정에서 모델 성능이 VERSION 1로 사용 또는 수익화하기에 충분한지 논의하는 과정이 필요하다. 이 예측 모델을 VERSION 1로 사용하기로 했다면 어떻게 자동화할 것인지, 그 흐름을 만들어야 할 것이다. 흐름이란 어떤 방식으로 VERSION 1을 시작할 것인지, 특정 시간에 자동으로 시작하게 할 것인지, 데이터가 추가되면 시작하게 할 것인지 그 시작 방법부터 각 과정마다 입력값과 출력값은 어떻게 설정할 것인지, 데이터를 어디에 저장할 것인지 구상해야 한다. 이 과정에서 클라우드 서비스를 통해 파이프라인을 만들려면 IT팀으로부터 클라우드 서비스를 사용할 수 있는 권한 설정, 네트워크 설정 등과 같은 도움이 필요하다. 그 후 필요한 클라우드 서비스에 작업했던 코드를 서비스에 맞게 코드를 재정리하는 작업을 거쳐 마지막으로 파이프라인이 문제 없이 돌아가는지 최종 확인이 필요하다. 이렇게 만들어진 최종 파이프라인은 차후 버전 컨트롤을 할 수 있도록 GitHub에 저장한다.

이렇게 해서 현재 모델을 VERSION 1이라고 했을 때 이 모델에 도움이 될 만한 데이터를 얻게 됐다. 그렇다면 다시 그림 3-3의 왼쪽처럼 작업을 해야 할까? 이미 파이프라인이 구축돼 있으므로 기존 파이프라인을 복사해서 새로운 파이프라인을 만든 후 여기에 실험

하면 된다. 이를 테면 코드를 통해 인프라 서버를 구축 및 운영할 수 있는 오픈 소스 소프트웨어인 테라폼Terraform을 사용할 경우 몇 분 이내로 VERSION 1의 파이프라인 복사본이 그대로 클라우드 서비스에 생성된다. 이렇게 복사된 파이프라인에 데이터만 새로 추가할 수 있도록 코드를 수정한 후 VERSION 1의 모델 성능과 데이터를 추가한 다음 모델 성능을 비교하면 된다. 새로운 파이프라인을 만든 다고 할지라도 기존 파이프라인을 복사한 후 수정해서 사용할 수 있으므로 업무 시간이 단축된다.

이처럼 자동화 작업은 활발히 이뤄질 것이므로 다시 수요를 생각해 볼 때가 됐다. 앞으로 데이터 엔지니어, 데이터 사이언티스트를 고용하는 회사가 많아질까? 회사 성장이 일정 수준으로 유지되고 직원 업무량이 동일하다고 가정할 경우 자동화로 업무량이 줄어들기 때문에 10명이 해야 할 일을 더 적은 인원으로도 충분히 할 수 있게 된다. 물론, 새로운 플랫폼이 등장하거나 새로운 산업혁명이 나타날 수 있겠지만, 불확실한 요소는 논하지 않기로 한다. 상황을 단순화해서 가정한 것이므로 이 전망은 틀릴 가능성이 아주 높지만, 중요한 점은 불확실한 요소가 등장하더라도 기술을 통한 자동화로 인간의 작업을 최소화하는 시도는 계속된다는 것이다.

다시 현재 시점에서 정리해 보자. 모든 산업에서 데이터의 중요성을 알고 있고, 이런 업무를 하는 사람을 대거 고용해서 직업 전망이 긍정적이라고 이해해도 큰 문제는 되지 않는다. 하지만 '데이터가 중

요하므로 이 업무를 하는 사람의 수가 필요하다.'와 같은 현재 시점
에서의 양(+)의 상관관계는 '업무의 자동화'라는 변수 하나만으로도

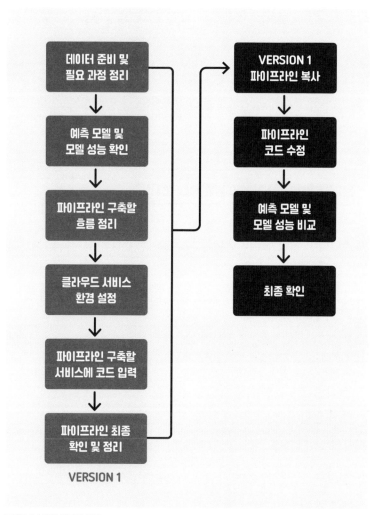

그림 3-3 | 업무 자동화 예시

이 상관관계가 충분히 바뀔 수 있다고 생각한다. 물론, 시기와 정도는 내가 어디에 속해 있느냐에 따라 정도의 체감은 각기 다르게 느끼겠지만 말이다. 특히 '언제'라는 시점에는 데이터 분야로 이직을 준비하는 직장인, 취업을 준비하는 학생, 이제 막 공부를 시작한 사람, 지금 이 분야에 관심을 가진 사람 등 '내가 이 일로 승부를 걸어야겠다.'라고 뛰어드는 시기가 다르므로 다르게 체감할 수 있다. 하지만 데이터과학 분야에서 일한다면 긍정적인 전망이 바뀔 수 있다는 것을 늘 염두에 두고 대비해야 한다.

방향을 세우려면 바람의 방향부터 보자!

그렇다면 어떻게 대비해야 할까? 필자는 새로운 데이터를 접하고 분석하는 일을 좋아한다. 하지만 이것은 필자가 좋아하는 것일 뿐, 일에 있어서 내가 좋아하는 부분, 내가 약한 부분, 내가 배워야 할 부분 등으로 나눠서 생각해 보려고 한다. 좋아하는 것만으로 내 정신과 시간을 꽉 채우는 것이 꼭 바람직하지는 않기 때문이다.

다시 그림 3-3을 보자. VERSION 1로 처음부터 끝까지 업무를 마치려면 기본적으로 알아야 할 데이터 처리, 예측 모델링과 같은 전문 지식은 당연하고 클라우드 서비스 중 이 프로젝트에 필요한 서비스가 무엇인지, 어떻게 다뤄야 하는지도 알아야 한다. 우선순위를 따져본다면 클라우드 서비스에 대한 지식은 통계나 머신 러닝 및 딥 러닝, 프로그래밍 언어에 비해 뒤처지겠지만, 기본이 갖춰진 상태에서 클라우드 서비스에 대한 경험이나 지식은 경쟁력이 될 수 있다. 그렇다면 나는 무엇이 부족하고 어디에 집중해야 하는가?에 대한 질문을 던져야 한다. 하지만 스스로 객관화하면서 나에게 무엇이 부족한지 판단하는 것은 쉽지 않다. 어쩌면 무엇이 화두인지, 핵심 단어를 파악하는 것이 더 쉬울 수 있다.

이렇게 핵심 단어를 파악하는 것, 어디서 어떻게 흘러가는지 그 방향을 보는 방법을 소개한다. 가장 간단하면서도 확실한 방법은 해외 구직 사이트에서 데이터 사이언티스트의 직업을 검색해서 직무 설명을 보는 것이다. 직무를 검색했을 때 대부분 이 직무는 어떤 일을 하고 어떤 조건을 갖춰야 하는지 자세한 설명이 돼 있다. 필자 역시 이직 목적이 아니더라도 구직 사이트에서 Senior Data Scientist, Data Scientist Team Lead 등으로 직업을 검색하면서 어떤 단어가 새롭게 등장하는지 보고 있다.

몇 년 전까지만 해도 데이터 사이언티스트가 갖춰야 할 조건에 각종 머신 러닝 및 딥 러닝 모듈이나 예측 모델 사용 경험에 대한 내용이 대부분이었다. 하지만 최근에는 클라우드 서비스 경험, API 개발 경험, Git 사용 등의 단어가 공통적으로 등장한다. 만약 내가 이 부분에 대해 부족하다면 빨리 따라잡아야 할 분야이다. 현재의 흐름을 따라잡지 못하면 몇 년 뒤의 미래도 따라잡지 못하기 때문이다. 지금 취업준비생이거나 이직을 준비하거나 한 단계 더 성장하고 싶다면 데이터 사이언티스트의 직무 설명에 나와 있는 단어에 대해 내가 할 줄 아는가, 그렇지 않은가에 O, X로 표시해 보자. 전체 중 O라고 표시한 수가 독자분들이 데이터과학의 흐름을 얼마나 잘 읽고 있는지를 나타내는 지표이다.

"현재의 내 모습은 과거 내가 어떻게 시간을 보냈는가로 정해졌고, 미래의 나는 현재 내가 무엇에 시간을 쏟았는지에 따라 만들어진다."라는 말이 있다. 물론, 인간은 현재에 살면서 때로는 과거를 후회하거나 과거에 집착하기도 하고, 동시에 미래를 그려보기도 한다. 그 미래는 현재 내가 무엇을 하느냐에 달려 있음을 잊지 않았으면 한다. 무엇을 하는지는 바로 무엇이 화두인지를 파악해야 한다는 것임을 잊지 말자.

인공지능 시대, 데이터 사이언티스트의 마음가짐

데이터 사이언티스트 업무에서 무엇이 중요한지 스스로 핵심 단어를 찾아보는 과정을 소개했다. 때로는 이런 핵심 단어는 직무에 상관없이 내가 찾지 않더라도 찾아오는 경우가 있다. 바로 ChatGPT, AutoGPT처럼 말이다.

인공지능 시대라는 말은 예전부터 있었지만, ChatGPT, AutoGPT

의 등장으로 인공지능 시대가 무엇인지 구체적으로 체감할 수 있게 됐다. 필자 역시 개인적인 용도로 ChatGPT를 사용하면서 기술 발전을 기대한다. 하지만 "인공지능으로 대체될 직업", "화이트칼라 계층 붕괴"라는 주제로 이런 기술을 '위기'로 바라보는 관점도 있다. 이 밖에도 인공지능과 관련해서 보안 문제나 윤리 의식 등 깊게 생각해 볼 주제는 많다. 하지만 인공지능으로 개발자, 특히 데이터 사이언티스트의 직무에 대한 위기라는 주제를 놓고 봤을 때 필자는 이것을 위기라고 생각해 본 적은 없다. 왜냐하면 기술 발전을 인간과의 대결 구도로 바라보지 않기 때문이다. 물론, 필자의 업무 중 일부는 인공지능과 같은 다른 기술로 대체될 수 있겠지만, 오히려 기술을 활용해서 시간을 아껴 다른 업무에 더 집중하면 긍정적으로 활용할 수 있는 여지가 많다.

긍정적으로 활용할 수 있는 여지는 바로 마음가짐에 달려 있다. 마음가짐이란 내가 기술을 바라보는 태도라고 말할 수 있으며, 극단적으로 '종속관계 여부'라고까지 표현할 수 있겠다. 예를 들어보자. 데이터 사이언티스트가 하는 일 중에 중요한 일이 바로 문제를 찾는 것이다. 프로젝트를 하다 보면 생각보다 다양한 문제를 접한다. 이 문제를 해결하다 보면 미처 생각지 못한 다른 문제가 나타나기도 하고 문제가 많아 우선순위를 따져보거나 더 근본적인 문제를 파악하기도 한다. 하나의 프로젝트를 완성하기까지 수없이 많은 문제와 그 문제를 해결하는 과정을 거친다고 해도 과언이 아니다.

만약 인공지능에게 현 프로젝트의 문제점을 찾아 데이터 사이언 티스트에게 보고해 달라고 했다고 가정해 보자. 인공지능이 어떤 문제점이 있다고 보고했다면 그다음 데이터 사이언티스트는 어떻게 대처하면 좋을까? 다음과 같이 질문해 볼 수 있다.

* '문제'라는 근거는 무엇인가?

* 이 문제의 원인은 무엇인가?

* 문제의 심각성과 영향력은 어느 정도인가?

* 다른 문제가 있다면 문제 간에 관련성이 있을까?

* 여러 문제 간의 우선순위는 어떻게 정할까?

* 문제 해결 방법은 몇 가지가 있는가?

* 문제를 해결하는 데 필요한 시간은 어느 정도인가?

* 문제를 해결하는 과정에서 다른 문제가 생기지는 않는가?

* 이 문제 외에도 다른 문제가 있는가?

인공지능이 나에게 보고한 것을 전적으로 믿을 것이 아니라 그것을 시작으로 내 업무를 더 정확히 할 수 있도록 해야 한다. 질문하면서 보고 내용을 점검하고 무엇이 맞는 내용인지, 틀린 내용인지 구별하거나 생각지 못한 것을 생각하는 작업이 필요하다. 이런 과정이 없다면 기술을 활용하는 것이 아니라 기술에 의존하는 것이며, 의심이나 확인 없이 기술에 모든 것을 의존하는 순간, 데이터 사이언티스트의 자질이 부족한 것이다.

물론, 여기서의 예시가 현실화되려면 인공지능에 회사와 관련된 모든 데이터가 들어가야 한다. 이럴 경우 크게 2가지 제약을 생각해 볼 수 있다. 첫 번째는 ChatGPT나 AutoGPT는 회사 데이터를 사용하지 않았으므로 회사와 관련된 질문을 할 수 없고, 설령 질문을 통해 답변을 얻더라도 회사 데이터가 모두 들어가 있지 않은 상태로 얻은 답변이기에 이 답변을 신뢰할 수 없다는 점이다.

만약 회사 자체에서 회사 데이터를 활용해서 ChatGPT를 만들면 어떻게 될까? 두 번째로 생각해 봐야 할 문제가 바로 데이터이다. 회사가 보유한 데이터를 ChatGPT와 같은 언어 모델에 사용할 수 있지만, 시시각각 변하는 상황, 사람 간의 관계나 마음, 개인의 선호 등 데이터화하기 힘든 것도 많다. 설령 데이터화해서 회사 내에서 사용할 ChatGPT와 같은 인공지능 기술을 만들더라도 핵심 데이터가 들어 있기 때문에 보안 문제, 보수 및 버전 업그레이드, 비용 등 고려해야 할 점이 많다. 이런 문제로 회사마다 인공지능을 전적으로 활용하기란 쉽지 않을 것이다.

ChatGPT, AutoGPT, 또 앞으로 수없이 많이 나올 인공지능 관련 기술은 데이터 사이언티스트가 하는 '업무 전체'를 대체하기는 힘들다. 다만, '데이터 사이언티스트 vs 인공지능'의 경쟁 구도로 바라보는 것이 아니라 내가 이 기술을 이용해서 어떻게 하면 내 핵심 업무에 더 정확히 올바르게 집중할 수 있을까?를 생각해 보는 것이 인공

지능 시대에 살아남는 데이터 사이언티스트의 마음가짐이 아닐까 생각한다. '

10 마치며

"You must have chaos within you to give birth to a dancing star."

- Friedrich Nietzsche

"춤추는 별을 잉태하려면 반드시 내면에 혼돈이 있어야 한다."

- 프리드리히 니체

처음 『데이터 사이언티스트 실전노트』의 집필 제의를 받았을 때도, 두 번째 집필 제안을 받았을 때도 처음 들었던 생각은 '내 글이 과연 도움이 될까?'였다. 새롭거나 특별한 무엇을 개발한 것도 아니고 오랜 경력을 쌓은 것도 아니다. 지금은 평범한 워킹맘이지만 과거를 돌이켜보면 뒤늦게 직장을 변경하고, 다시 학교에 다니며 낯선 나라에서 늦은 나이에 신입으로 일하는 과정에서 오랜 시간 동안 내면의 두려움, 혼란, 막막함이 있었다. 물론 지금도 미래에 대한 막막함과 두려움이 있지만 과거와는 다르다. 적어도 나는 무엇이든 쉽게 얻는 것이 없었기에 내가 내면의 혼돈으로 가득할 때 춤추는 별과 마주치는 순간이 곧 올 것을 알고 있다. 마주치는 순간이 올 것을 알고 있다. 이 글을 읽는 독자분들의 상황은 개인마다 다르겠지만, 누군가는 막막함이나 두려움과 같은 걱정이 있는 사람이 있을 것이라고 생각한다. 하지만 프리드리히 니체의 말처럼 마음속에 막막함이나 두려움과 같은 걱정이 있다면 곧 춤추는 별과 마주할 순간이 온다는 것을 이 글을 통해 전하고 싶다.

20년 개발자의 경험,
왜 개발자가
되고 싶나요?

Data
Scientist

최원효

충남대 컴퓨터과학과를 졸업하고, 하우리, S-OIL, 네이버에서 근무했
다. 팀와이퍼, 팟빵, 카닥, 펫프렌즈 등의 여러 스타트업을 거쳐 한화
엔엑스이에프에 CTO로 일했다. 세종대 미래교육원 멀티미디어학과
에서 강의했으며, 인터넷에서 블랙독(blackdog)이라는 필명으로 활동
하고 있다. 저서로는 『안드로이드로 용돈벌기』(아이쿡스, 2012)와 『만들
면서 배우는 AndEngine 게임 프로그래밍』(한빛미디어, 2013), 『모두의
안드로이드』(길벗, 2020) 등이 있다.

Data Scientist

1   여러 번 포기하고 싶었던 이 직업

왜 개발자가 됐나요?

필자는 대기업 H사의 자회사에서 CTOChief Technology Officer직을 맡고 있으며, 대학을 졸업하기 전부터 직장 생활을 했다. 어릴 때 꿈은 해커였고, 2023년 현재 20년 차 개발자이다. 백신 개발회사와 정유회사를 거쳐 N사에서 10년간 근무했고, 스타트업으로 이직 후 계속 CTO를 하고 있는 C, PHP/JAVA 웹, Android 개발자이다.

고등학교 3학년 때 평소처럼 라디오를 듣고 있는데, "MBC 라디오 잠깐만 캠페인"에서 "안녕하세요. 저는 컴퓨터 프로그래머입니다. 오늘도 햄버거와 콜라를 먹으며 밤을 지샙니다. 잠깐만 우리 한번 해봐요. 사랑을 나눠요."라는 내용이 나왔다. 정말 별것도 아니고, 인스턴스 식품인 햄버거와 콜라만 먹는 것이 어떻게 보면 몸을 축내는 일인데도 필자에게는 너무 멋있게 느껴졌다. 평생의 직업을 결정 짓는 선택의 순간이었다.

수능이 끝난 후 교사셨던 아버지께서 진로에 대해 조언해 주셨다.

"어떤 분야는 몇십 년이 지나도 잘 변하지 않기 때문에 한 번만 공부하면 그걸로 평생 먹고 살 수도 있어. 하지만 컴퓨터 분야는 계속 빠르게 바뀌기 때문에 끊임없이 마지막까지 공부해야 할거다. 그럴 자신이 있다면 그 길을 선택하고 아니면 다른 분야를 선택해라."

아버지 말씀처럼 지금도 개발 분야는 너무 빠르게 발전하고 필자는 늘 신기술을 공부하고 있다.

왜 웹 개발을 하세요? : 서버를 관리하면서 DB와 연동하는 웹 개발자가 되기까지

1996년에 대학에 입학해서 MS-DOS 환경과 윈도우 3.1에서 C언어 수업을 들었다. 「응답하라 1994」처럼 전화선으로 PC 통신을 하던 시절이었다.

당시 컴퓨터는 귀했고 주변에 잘하는 사람도 드물었다. 당연히 개발자라는 직업이 충분히 경쟁력이 있어 보였다. 하지만 3년간 군대를 다녀오고 2000년에 복학해 보니 세상이 많이 바뀌어 있었다. IMF

여파로 취업은 어려워지고 대학교 실습실의 컴퓨터에는 윈도우 95가 모두 설치돼 있었다. 사람들은 밤새워 PC방에서 스타크래프트 게임을 하고 있고 컴퓨터가 사람들의 일상에 깊숙이 파고들어 와 있었다. 컴퓨터를 다루는 사람들의 수준도 높아져 있었다. 대학에 입학할 때만 해도 삐삐를 사용했는데, 군대를 다녀온 3년 동안 폴더폰으로 바뀌었고 인터넷도 전화선에서 케이블선으로 바뀌어 있었다. 2000년에 C 언어로 MySQL을 사용해서 학과 Web-BBS Bulletin Board System를 개발했다. 글쓰기 데이터는 DB에 넣지 않고 파일로 관리했다. 멘토인 선배와 6개월간 프로젝트 과제로 했는데, 많은 학과 선후배들이 이 학과 Web-BSS에 접속해서 사용했다.

그러던 2000년 중반에 PHP ver3가 세상에 나왔다. 기존에는 C 언어로 리눅스 서버에서 vi로 개발하고 gcc로 빌드해서 동작 가능한 cgi를 만들어야 했는데, PHP는 빌드 과정 없이 개발이 가능했다. 2명이 힘들게 개발했던 프로그램을 PHP로는 방학 때 혼자 학과 PC 실습실에서 개발해서 1달 만에 포팅을 끝낼 수 있었다. 획기적인 경험이었고 웹 개발에 대해 재미를 느끼게 됐다. PHP로 인해 웹 개발이 너무 쉽게 바뀌어 버렸기 때문에 전산 전공자들은 웹 개발은 "진정한 개발이 아니다."라고 말하며 웹 개발 분야로 취업을 하지 않았다. PHP로 개발한 '제로보드'라는 설치가 쉬운 게시판이 유행하면서 초등학생들까지도 제로보드를 설치하고 수정하는 기현상이 일어났다.

정부의 IT 육성 정책으로 벤처회사들이 줄지어 탄생하고 웹 개발 붐이 일기 시작했다. 하지만 2006년 말까지도 웹 개발은 "초등학생들도 하는 그거?"라며 전공자들에게 천시받는 개발 카테고리였다. 꿈이 해커, 리눅스/유닉스 보안 전문가였으므로 처음에는 C 언어로 컴퓨터 백신을 개발하는 회사에 입사했다. 두 번째는 정유회사의 전산 팀에 들어가서 SAP ABAP를 다뤘다. 세 번째 회사인 N사에는 개인적으로 제일 자신 있던 분야인 PHP 웹 개발자로 입사했다. N사에서 3년 정도 잠깐 C 언어로 OCROptical Character Recognition(광학문자인식) 엔진을 연구 개발한 적이 있기는 하지만, 현재까지 서버를 관리하면서 DB와 연동하는 웹 개발을 주로 하고 있다. 물론, 웹을 개발하는 언어는 필요에 따라 PHP, JAVA를 왔다 갔다 하고 있다.

야근과 철야, 체력으로 버텨야 하는 순간이 많다

요즘은 개발자를 부러워하는 사람들이 많다. 개발자는 대체적으로 누군가 창업한 회사에 소속돼 기획안에 따라 나온 디자인에 논리를 쏟아부어 프로그래밍 언어로 동작 가능한 로직을 만들어 내고 데이터를 쌓고 보안을 입히고 서버를 관리하는 기술 직종이다 보니 소속된 회사의 경제 상황에 따라 워라밸에 많은 차이가 있다. 모든 개발자들의 연봉이나 대우가 언론에서 말하는 것처럼 다 좋은 것은 아니다.

"니들이 뭐라 해도 나는 개발만 열심히 잘할래."라는 것은 사회생활에 존재하지 않는다. 특히 하루 종일 컴퓨터 앞에 앉아서 코드를 생산해야 하는 개발자들은 높은 직급으로 올라가기가 쉽지 않다. 사회생활에서 높은 곳으로 올라가려면 외부 활동을 해서 사람들을 많이 만나 인맥을 쌓아야 하는데, 개발자들에게는 그럴 시간이 없다. 주어진 프로젝트에서 본인의 업무를 하기에도 시간이 부족하다. 항상 프로젝트 오픈은 급하고 상황은 바쁘게 돌아간다.

본사 3,000명, 그 외에 2,000명 규모의 직원을 보유한 N사 같은 큰 회사는 인사 및 복지 시스템이 잘 갖춰져 있다. 또한 2022년 기준으로 일주일에 2일 재택 근무를 하거나 5일 재택 근무를 하는 대신 정해진 본인 자리가 없는 근무 시스템을 취하고 있다. 이런 체계적인 대기업은 개발 조직이 DB(데이터베이스)만 담당하는 DBADataBase Administrator, IDCInternet Data Center에서 인프라Infra만 담당하는 인프라 담당자 그리고 개발자로 그 역할이 명확하게 나눠져 있다.

하지만 국내 100대 IT 대기업들을 제외한 대부분의 IT 회사들은 이렇게 구분이 체계적일 수 없고 매출 규모상 분야를 나눠서 많은 IT 담당자들을 채용할 수 없다. 개발자 한 명이 서버와 DB, 개발까지 모두 담당해야 하는 일이 허다하다. 서비스 사용자가 많고 트래픽이 높은 서비스라면 장애가 나기 쉽고, 주말에도 적은 인원으로 개발자들은 장애에 대응해야 한다.

신규 기능을 개발하고 서비스를 배포할 때는 사용자가 많은 시간을 피해 새벽에 배포해야 하는데, 사용자가 가장 적고 DB 트래픽이 낮은 시간에 해야 하기 때문에 일요일에서 월요일로 넘어가는 새벽 2~6시 사이에 출근해야만 하는 경우가 두 달에 한 번 정도는 있다. 팀에 따라 큰 서비스 배포가 있으면 한 달에 두 번 정도 이런 상황이 생기기도 한다.

새벽 근무를 하면 다음 날은 오후 3시 출근으로 근무 형태를 조율하기는 하지만, 이렇게 한 번 일을 하고 나면 어떨 때는 30대의 젊은 개발자들도 컨디션이 망가지고 일주일 정도 기운을 못차리기도 한다. 주 5일 재택 근무라고는 하지만, 고객이 24시간 접속하는 서비스는 24시간 대응한다고 보면 된다. 군대의 출동 5분 대기조처럼 24시간 내내 고객 대응을 하는 사람들이 개발자이다.

입사 테스트를 위해 알고리즘을 공부하지만, 현업에서는 공부한 알고리즘의 5~10%만 사용된다. 바쁘게 돌아가는 현장에서는 어려운 논리적 사고보다는 체력으로 버텨 야근하고 밤새워 일하고 주말에 솔선수범해서 대응해야 하는 일이 많다. 개발 직군으로 들어온다면 이런 내용을 알고 있으면 좋다. 50명 이하 규모의 회사에서는 아무리 많아도 보통 개발자가 20~30명 내외인데, 개발자 한 명이 여러 분야를 커버해야 하는 경우가 많다.

첫 직장에서의 희망 퇴직 이후 공무원 시험 준비

지금은 개발자가 40세가 넘으면 시니어 개발자라는 타이틀을 갖고 관리직이 아니더라도 본인이 원하면 개발자로 계속 개발을 할 수 있다. 커리어 테크가 좀 더 세밀하게 나눠진 것이다. 처음 취업하던 2006년 당시에는 35세가 되면 개발자가 팀장으로 관리직이 되고 팀장은 개발을 그만둬야 한다는 커리어 테크가 정설이었다. 필자는 군대를 다녀와서 29세에 첫 취업을 했다. 회사 업무는 대학생 시절부터 하고 싶던 바이러스를 잡는 백신 개발이라서 백신의 형태와 동작 원리를 탐구하는 것이 정말 재미있었다. 하지만 '35세가 되면 나는 어떻게 될까?' 하는 아직 다가오지 않은 미래의 커리어에 대해 답이 없는 고민을 많이 했다.

그러다 첫 회사에 7개월 정도 다녔을 때 갑자기 회사에 큰일이 닥쳤다. 상장회사였지만, 경영진이 회사 자금 운영에 실수를 하면서 어쩔 수 없이 직원들의 희망 퇴직을 받게 됐다. 재미있게 일하며 다니고 있었는데, '이런 상황이 닥치면 회사가 휘청거리고 사람들을 이렇게 퇴사시킬 수도 있구나.' 싶어서 개발자라는 직업에 대한 강한 회의가 느껴졌다. 너무 좋아하던 일이어서 그랬는지 충격 또한 컸던 것 같다.

그러고는 이런 사태에 대비하기 위해 안정적인 공무원을 해야겠다 싶어서 희망 퇴직을 결정하고 퇴사 신청을 했다. 며칠 후 윗급의 이사분이 부르시더니 "이 희망 퇴직은 자네 같은 신입을 퇴사시키기 위한 게 아니라 기존 직원을 정리하기 위한 거예요. 대학원을 다니며 직장 생활을 계속 하는 건 어때요?"라고 하셨다. 하지만 거절하고 공무원 시험 준비를 시작했다. 그러다 3개월 만에 공무원 시험 공부를 그만두고 다시 보안관제회사에 취직했다. 지금 돌이켜 보면 사회 초

년생 시절에 앞길에 대해 혼자 많은 고민을 했던 것 같다.

미래는 스스로 준비해야 한다고 다짐했던 순간

현재 개발자들이 꿈의 직장으로 생각하는 N사에서 10년 정도 근무할 때는 개발자로서 좋았을 때도 많았지만, 힘들고 싫었던 순간도 많았다. 힘들었던 시기는 공통점이 있었다. 바로 팀원의 실력과 주도적인 퍼포먼스를 믿지 않고 숨이 막힐 정도로 일일이 간섭하는 유형의 팀장을 만났을 때였다.

외부에서 보기에는 꿈의 직장처럼 생각되지만, 실제로 그 안에서 일하며 현실을 겪어보면 상황이 다른 경우가 많다. 한번은 열심히 일을 했지만, 회사에서 경제적인 상황으로 인해 속해 있던 기술연구센터를 해체한 적이 있다. 기술연구센터는 매출이 나지 않더라도 기술연구만 하는 조직으로, 최대 2년까지의 기술 인큐베이팅을 통해 실제 업무에 적용 가능한 선행 기술을 연구하는 곳이다. 연구하고 2년 후에 실제 업무에 적용이 가능한지, 불가능한지를 보고 지속 여부를 판단한다. 마침 세계적으로 모기지론 사태가 터지면서 회사는 어쩔 수 없이 "매출이 나지 않는 조직은 운영하지 않는다."라는 원칙을 세웠고 조직 해체가 결정됐다. 6년 정도 후에 그 기술연구센터는 다시 생기게 된다. 보통 이렇게 해체되면 인사 팀에서 소속될 팀을 자연스럽게 연계해 주고 랜딩을 도와줘야 하는데, 티오TO가 있는 몇 개 팀을 안내만 해주고 소속원이 알아서 해당 팀과 면담을 통해 전배하고 다시 적응해 나가야만 했다.

또 한번은 의도적으로 회사가 전체 직원 수를 줄이는 방법으로 매출을 조정하기 위해 6개월에 한 번 하던 평가 때 각 팀에 최하 평가자를 반드시 한 명씩 할당하고 최하 평가자는 인센티브를 주지 않던 때가 있었다. 인사 팀은 4%의 퇴사율을 목표로 삼았지만, 실제로는 10%의 퇴사자가 발생했고, 열심히 일했지만 최하 평가를 받은 직원들의 상실감은 실로 엄청났다. 조직의 해체와 강제로 옮겨진 부서에서 나쁜 평가를 받는 이런 사태를 겪으면서 '열심히 회사를 위해 일하더라도 언젠가는 버림받을 수 있겠구나. 내 미래를 위해 스스로 준비해 둬야겠다.'라는 다짐을 하는 계기가 됐다.

스타트업 CTO와 창업의 경험들

스타트업이란 무엇을 말하는 것일까? 필자는 직원 규모 50명 이하, 연 매출 100억 이하인 창업한 지 10년 미만의 IT 기업을 보통 스타트업으로 본다. 정확히 개념을 따져보자면 스타트업은 미국의 실리콘 밸리를 중심으로 생겨난 개념으로, 신생 기업 그 자체를 스타트업이라고 부르고 있다. 법적으로 해석하자면 스타트업은 중소기업창업지원법에 나와 있는 초기 창업자이고, 벤처기업은 벤처기업육성에 관한 특별조치법에서 규정하는 요건을 충족한 기업을 의미한다. 2010년 이후 우리나라에도 스타트업이라는 개념이 확산되기 시작했다. 스타트업은 기존에 없던 새로운 가치를 창출하는 비즈니스로,

High Risk, High Return이라고 해서 큰 위험을 안고 사업을 해서 큰 가치로 성공하는 모델을 갖고 있다. 2010년에 스마트폰이 도입되면서 앱을 메인 서비스로 하는 스타트업들이 많이 생겨났고, 큰 성공을 거둔 회사들이 나타나기 시작했다. 주변에서도 N사를 퇴사한 후 창업해서 성공을 거두는 직장 동료들을 보면서 '나도 한번 도전해 보고 싶다.'라는 생각과 함께 스타트업에 대해 매우 관심을 갖게 됐다.

<출장 손세차 스타트업, 자동차 카테고리, 첫 스타트업, 관리직 CTO의 시작>

N사에 있으면서 안드로이드 개발 커뮤니티인 안드로이드펍에 올라온 재미있는 채용 광고를 보게 됐다. 헤어 관련 스타트업의 안드로이드 개발자 채용 공고였는데, 직원들끼리 챙겨주는 따뜻한 감성이 느껴져 바로 지원을 했다. 그랬더니 해당 스타트업의 대표님이 연락 후 N사로 찾아오셔서 경력이 10년이 넘는다면 일반적인 안드로이드 개발자보다는 스타트업의 CTO로 지원해 보라는 조언을 해주셨다. 그리고 출장 손세차 스타트업의 CTOChief Technology Officer 자리를 소개해 주셨다. CTO는 IT 기업에서 기술 조직을 이끄는 이사진이다. 사실 안정적인 대기업으로 성장한 회사에서 지분을 준다고 해도 매출이 보장되지 않는 스타트업으로 뛰쳐나가는 결정은 쉽지 않았다. 하지만 한번 도전해 보고 싶었기에 퇴사하고 스타트업으로 이직했다.

출장 손세차 서비스는 앱으로 세차 주문을 하면 매니저가 고객을 방문 후 차 키를 받아서 근처 가맹 세차장으로 끌고 가 세차를 하고 키를 돌려주는 서비스이다. 혁신적인 서비스이므로 초기부터 반응이 좋았지만, 일부에서는 "누가 내 차 키를 믿고 맡겨?"라는 부정적인 반응도 있었다. "성공시키고 말겠어!"라는 굳은 의지로 토요일에도 출근하며 개발해서 5주 만에 서비스를 오픈해냈다. 하지만 유저의 서비스 사용 건수는 하루 10~15건 정도, 한 달에 200건 정도에 불과했고 1년 안에 800개까지 확장하겠다던 가맹점은 10~11개 정도에 그쳤다. 처음 품었던 꿈은 원대했지만, 현실은 그렇지 못했다. '내가 이 회사에 합류하면 6개월 안에 대박날 수 있을 거야.'라고 생각한 것은 내 환상일 뿐이었다.

손세차 스타트업의 사무실 직원으로는 CEOCheif Executive Officer(대표이사), CSOChief Strategy Officer(전략이사), COOChief Objective Officer(방향을 결정하는 목적성 행동 이사로, 보통 부대표직을 맡기도 함), CTO 그리고 개발 팀장, 프론트엔드 개발자, 마케터까지 7명, 오프라인 정비/세차장에 10명 정도의 카 매니저가 있었다.

스타트업에서 CTO는 관리직이자 동시에 개발자여야 한다. 따라서 회사의 매출과 방향성에 귀를 기울이며 개발자를 관리하고 동시에 개발도 해야 한다. 필자는 처음 맡아보는 관리직이라는 포지션에 몰입해 있었다. 직원들끼리 우애가 돈독했고 돈은 크게 벌지 못해도 새로운 경험에 신이 나서 재미있었다. 문제는 C-Level들 간의 불화였다. 스타트업이 크게 매출을 내지 못하면 지분에 목을 매게 된다. 회사를 이끄는 일부 C-Level들 간에 지분 다툼이 있었고 7개월 만에 '스타트업이 이런 것이었구나.' 하고 질려서 회사를 그만두게 됐다.

<화장품 쇼핑몰 스타트업, 또 다른 카테고리에의 도전>

스타트업은 그만하고 싶었다. 고등학교 선배가 운영하는 웹 에이전시 회사(주로 외주/용역 개발을 받아 웹 개발을 진행하는 회사)에 연이 닿아서 그곳에 CTO로 가서 새로운 영어 학습 앱을 만들어 보기로 했다. 이때 손세차 스타트업에 CSO로 계시던 분이 웹 에이전시보다는 그래도 매출을 어느 정도 내고 있는 스타트업에 다시 도전해 보라며 화장품 쇼핑몰 스타트업에 개발본부장 자리를 소개해 주셨다.

비디오 소셜 커머스라는 특이한 포지션을 가진 회사였다. 아직 유튜브 같은 동영상 광고 플랫폼이 흥행하지 않았을 때 인플루언스를 활용한 동영상 광고 플랫폼을 시작한 곳이다. 하루에 한 번 10~20만 원대의 고가의 명품 화장품을 역마진을 감내하고 1~2만 원대로 10여 개에서 많게는 100개까지 판매를 한다. 평소 500명대의 사이트 접속자를 유지하다가 이 시간대에는 초당 동접 1만 5천~3만 명까지 엄청나게 많은 사용자가 몰려든다.

FTP를 사용하고 있던 회사에 SVN_{SubVersion}을 사용한 소스 버전 관리를 도입하고 Apache를 사용한 웹 서버를 기존 1대에서 5대로 늘리고 실제 서비스에 사용되는 웹 서버뿐만 아니라 개발 서버를 도입했다. 짧은 시간 안에 엄청나게 몰리는 트래픽을 처리하기 위해 특히 많은 노력을 기울였다.

<VR 웹툰, 본격적인 창업>

어느 정도 "스타트업이 어떤 곳이다."라는 것을 배우게 되자 직접 창업을 해보고 싶어졌다. 마침 N사에서 한 팀에서 개발 일을 했던 동료가 VR 웹툰으로 창업을 하고 싶다며 연락해 왔다. 개발자였지만 기획으로 커리어를 변경한 동료가 웹툰 서비스와 대표 직책을 맡고, 필자는 CTO로 함께 창업을 했다. VR 웹툰이란 360도 화면을 제공하는 VR에서 웹툰을 보는 서비스이다. 어릴 때부터 만화와 애니메이션을 좋아하다 보니 작가들이 그린 만화를 보는 것만으로도 재미가 있었다. 부천에 있는 한국만화박물관의 투자를 받아 박물관 내에 사무실을 제공받아 서비스를 운영했다.

CEO, CTO 외에 VR 개발자 1명, 디자이너 1명, PD 1명, 마케터 1명 정도로 회사를 시작했다. 앞서의 스타트업에서 C-Level 간의 다툼을 경험했던 터라 C-Level 임원은 CEO와 CTO 둘만 됐다. Nginx로 웹 서버를 구축하고, PHP Laravel, MySQL로 웹 VR 서비스를 구축했다. 웹 관리 툴에 360도로 그린 만화 파일을 업로드하면 API를 통해 유니티로 배포한 서비스를 VR 기기에서 볼 수 있게 설계했다.

새로운 서비스였기에 각종 만화, 애니메이션 전시회에 초대를 받았고 주목을 끌었다. 하지만 VR 기기 자체가 스마트폰만큼 보급되지 않은 생소한 기기이다 보니 서비스의 확장이 쉽지 않았다.

<국내 1위 인터넷 라디오 방송 스타트업>

손세차 서비스 때의 CSO분이 인터넷 라디오 방송 스타트업에 CSO로 계셨는데, 다시 같이 일해보자고 연락이 왔다. 마침 VR 웹툰이라는 블루오션 시장을 개척하는 데 한계를 느끼고 있었으므로 인터넷 라디오 방송 스타트업에 개발 실장으로 이직하게 됐다.

워낙 유명했던 서비스이고 엄청나게 많은 고정 팬을 가진 방송들이 있다 보니 서비스의 동시 접속자 수가 엄청났다. 아침 시간대에는 스마트폰으로 인터넷 방송을 청취하는 사용자가 초당 5~6만 명까지 접속한다. 이 트래픽을 버텨내기 위해 개발 코드의 접속 트래픽을 살펴보며 개발자들과 끝없는 코드 튜닝을 감행했다. 이때 트래픽에 많은 도움을 준 것이 APMApplication Performance Monitoring 툴이다. API의 수행 시간과 실행되는 동안의 DB SQL문들을 보여주는데, 지연 시간이 오래 걸린 DB 쿼리를 튜닝하는 것이 주된 방법이었다. DB 쿼리의 속도를 개선하기 위해 인덱스를 추가한다든가 해서 쿼리문을 개선해 나갔다.

또한 CS를 통해 앱의 불편을 호소하는 고객들에게 앱 개발자들과 함께 회사 로고 모양으로 만든 쿠션을 들고 찾아가서 문제를 파악했다. 개발자들은 보통 자리에 가만히 앉아서 개발만 하는 것을 좋아하는데, 직접 필드로 나가 고객을 만나 불편을 듣고 테스트를 하니 문제 해결에 많은 도움이 됐다.

<국내 1위 자동차 수리 견적 스타트업>

함께 일했던 개발자들을 책임져야 했다. 사업을 하고 있는 친구에게 연락해서 개발자들을 데리고 백엔드 개발 팀장으로 수리 견적 스타트업에 합류했다. 수리가 필요한 자동차 사진을 앱에 올리면 자동차 수리 가맹점들이 고객에게 가격을 제시하고 고객이 선택한 수리 점에서 서비스를 진행하는 수리 견적 스타트업이다. 이곳의 문제점은 개발자들에게 폭넓은 선택의 자유를 주다 보니 백엔드 서비스 개발 언어가 Java SpringBoot, 스칼라, 장고, PHP CodeIgnitor, Go, Perl, Node.js, TypeScript 등 너무 많다는 것이었다. 개발자들은 회사의 서비스 안정보다는 본인의 커리어만을 생각하며 신기술을 무조건 서비스에 빠르게 도입하려고 했고, 본인이 공부한 것을 구성원과 공유하기보다는 이직하는 데 사용하고 있었다. 프론트엔드 개발 언어는 React 하나인데 비해, 8개의 백엔드 조직은 8개의 개발 언어를 사용하고 있었기 때문에 백엔드 분야 신규 입사자는 업무 적응이 힘든 상황이었다. 이런 문제를 해결하기 위해 개발 언어를 Java SpringBoot 하나로 통일했다. 물론, 기존 개발자들의 반발도 있었지만, 백엔드 개발 조직은 하나의 언어로 통일돼 안정되기 시작했다.

회사에서 타이어 신규 서비스로의 사업 확장을 원해서 신규 서비스 조직을 맡아 성공적인 서비스 런칭에 기여했다. 처음 신규 서비스를 시작할 때 중요한 것은 무조건 DB이다. 신규 분야를 열어나갈 때는 서비스를 만들기 위한 데이터베이스를 개발자가 분야의 전문가와 함께 수급하고 구조화한 후 서비스에 녹여내야 한다.

<국내 1위 애완견 쇼핑몰 스타트업>

자동차 수리 견적 스타트업의 조직은 안정화되고 있었고 직원들의 워라밸은 좋았다. 휴가는 1년에 25일이고, 출퇴근 시간에 제약이 없었다. 일주일에 40시간을 자유롭게 채우면 됐다. 회사는 집에서 버스로 네 정류장으로 엄청 가까웠다. 그런데도 CTO에 도전하고 싶은 열망이 끓어올랐다. VR 웹툰 회사에서부터 함께하고 있던 개발자에게 말하고 새로운 회사에 CTO로 다시 도전했다. 이번에는 국내 1위의 애완견 쇼핑몰 스타트업이었다.

서비스가 백엔드는 Node.js, 프론트엔드는 Vue.js로 구축돼 있었다. 내부 문제로 인해 기존 시니어 개발자들과 기존 CTO는 퇴사하고 주니어 개발자 몇 명만 남아 있던 상황이었다. 하지만 회사는 성장을 하고 투자를 받아야 하므로 새로운 물류 창고로 이전하고, 하루 두 번의 당일 배송 서비스를 개발해서 오픈해야 했다.

기존의 Legacy 시스템을 파악하면서 신규 서비스를 개발하며 새로운 개발자들도 계속 채용해 나갔다. 백지 상태에서 새로운 서비스를 개발하는 것은 쉬운 편에 속한다. 어려운 것은 이미 가동되고 있는 다른 사람이 개발한 운영 시스템을 이해하고 유지보수하는 것이다. 이것을 Legacy 시스템이라고 부른다.

기존의 시스템을 모두 알고 있는 사람이 없었으므로 버릴 것은 버리고 꼭 필요한 것만 취해서 Notion에 정리해 나갔다. 지친 개발자들을 위해 복지에도 신경을 썼다. 개발 조직은 낮 12~18시를 반드시 출근해야 하는 코어 타임으로 정하고, 일주일에 40시간을 지키면 금요일에는 오후 3시에 퇴근할 수 있도록 시스템을 만들어 도입했다.

개발 도서를 매달 5만 원까지 구매할 수 있도록 하고, 공부를 해서 다른 개발자들에게 발표를 하면 연구 점수를 줘서 연말 성과에 높은 가산점을 받을 수 있도록 유도했다.

그리고 7년간의 길었던 스타트업 생활을 청산하고 함께했던 동료들과 함께 다시 대기업으로 돌아왔다. 스타트업에서 익힌 긴장감과 정신은 간직한 채 자금 지원을 받을 수 있는 환경을 갖춰 새로운 서비스를 만들기 위해 지금도 끊임없이 노력하고 있다.

몇 살까지 일할 수 있을까?

한국에서 개발자는 몇 살까지 일할 수 있을까? 필자는 40대 중반이다. 개발자치고는 많은 나이이고, 관리직으로서는 아직 괜찮은 나이이다. 예전 경험을 생각해 보면 2009년, N사의 기술연구센터 산하 선행기술랩의 랩장님은 52세에 회사 역사상 최초로 정년 퇴직을 하셨다. 지금은 정년 나이가 더 늦어졌지만, 당시 이사진으로 오르지 못했을 때의 N사 정년은 52세였다. 랩장님은 N사 퇴직 후 S사의 이사진으로 3년 정도 일하시다가 미국으로 건너가서 Principal Software Engineer라는 직책으로 실무 개발을 계속하고 계시다. 지금 68세쯤 되셨을 텐데 아직까지 개발하고 계신지는 모르겠다. 본인이 창업한 회사나 스타트업의 이사진이 아닌 이상 필자가 알고 있는 분들 중 가장 나이가 많은 실무 개발자이시다.

N사에서 한때 직속 팀장이셨던 분이 2012년 무렵, K사로 이직 후

CTO까지 올라가셨다가 블록체인 계열사로 옮기셨다는 소식을 들었다. 아마도 지금은 개발 실무는 하지 않으실 가능성이 크다. 대기업에서 CTO는 정책을 정하고 조직 관리를 해야 하므로 직접 개발할 시간이 거의 없기 때문이다. 보통 팀원이 5명만 넘어가면 팀장은 팀원의 매니징과 회의 등에 시간을 많이 뺏기기 때문에 직접 개발할 시간이 거의 없다. 5~10명 규모를 넘는 팀에서 팀장이 개발 실무를 집중해서 하려면 팀원들이 모두 퇴근하고 회의가 없는 조용한 저녁에나 가능한 경우가 많다. 주변에 45~50세 연령대에서 아직 관리자급이 아닌 상태로 실무 개발을 하고 있는 분들이 더러 계시기는 하다.

실무 개발은 35세 정도까지 하고 관리직으로 올라가야 한다는 과거에 비하면 지난 20여 년간 한국의 소프트웨어 개발 시장은 많이 성숙해졌다. 직장 생활이 가능한 인구수가 줄어든 이유도 있겠지만, 나이가 40세 이상이 됐을 때 관리직이 아닌 개발자로 테크를 선택하고 개발을 지속할 수 있게 되면서 개발자들의 생존 수명이 늘어나게 된 것이다. 하지만 40대 이상은 20대나 30대의 젊은 개발자들보다 체력적으로 떨어질 수밖에 없는 것이 현실이다. 그렇다면 40대를 넘은 개발자들은 어떻게 해야 할까? 여러분은 이미 답을 알고 있다. 은퇴 기간을 늦출 수 있는 것은 본인 자신의 끊임없는 노력뿐이다.

아직도 진행형 인생

필자는 아직도 진행형 개발자이다. 보통 담당하는 조직의 인원이

40명 수준으로 많아지면 개발 팀의 팀장들은 개발할 시간이 없어 프로젝트 및 인력 매니징만 한다. 하지만 대기업 자회사의 CTO인 관리직이라 하더라도 조직의 인원이 줄어들거나 프로젝트가 급할 때는 함께 개발을 진행한다. 40세가 넘어가면 가끔 "만화「원피스」의 주인공이 누구더라?" 하는 정도의 간단한 이름이나 단어가 생각 나지 않을 때도 있다. 40대 개발자의 개발 속도는 30대 초반의 개발자들과 같은 프로젝트를 진행하면 당연히 더 느리다. 아침에 일어나면 몸이 굳은 듯이 허리가 아프다. 그래도 새벽 배포를 하거나 긴급 장애가 발생하면 함께 밤을 지새고 프로젝트를 열심히 하는 모습을 보여줘야 한다.

그렇지 않은 경우도 있겠지만, 나이로 인해 평균적으로 떨어지는 여러 체력적 한계와 순발력을 극복하기 위해서는 그동안 많은 경험을 통해 쌓아온 연륜을 기반으로 조직의 프로젝트를 효율적으로 이끌고 프로젝트를 설계해내야 한다.

필자는 컴퓨터과학을 전공하며 C 언어와 PHP, Java, DB, OS 같은 전산 기술을 익히고, 회사생활을 하면서 어셈블리, SAP ABAP, Spring과 SpringBoot 및 안드로이드 개발과 iOS 개발을 익히고, Laravel이라는 PHP 프레임워크를 익혔다. 하지만 배움은 끝이 없다. 쇼핑몰에서 상품 구매 추천을 하기 위해서는 인공지능을 익혀야 하고 Python을 능숙하게 다뤄야 한다. 백엔드에서 Node.js를 익혀야 하고, 프론트엔드 웹과 백엔드 웹이 명확하게 영역이 나눠지면서 프론트엔드 웹 개발 언어인 React.js도 할 줄 알아야 한다. 쇼핑몰과 물류 창고의 연동과 배송을 이해하기 위해서는 WMSWarehouse Management Systems(창고 관리 시스템)에 대해서도 이해해야 한다. 하지만 시니어 개발자의 영역에 들어서게 되면 개발 언어만 잘 다룬다고 되는 것이 아니다. 무엇보다 사람의 마음을 읽고 조직을 리딩하는 기술을 익혀야 한다. 이 매니징 기술은 우리가 이 책에서 다루고자 하는 내용을 벗어나므로 깊이 다루지는 않겠다.

개인적으로 앞으로 10년 정도는 더 일하고 싶지만, 그 또한 알 수 없는 일이다. 필자의 좌우명은 "Do My Best!", "할 수 있다(I can do it)!"이다. 현재 처한 환경에서 포기하지 않고, 할 수 있는 최선의 노력을 다하는 것, 그것이 한국에서 개발자로 살아가는 우리가 해볼 수 있는 모든 것이 아닐까 싶다.

2 왜 개발자가 되고 싶나요?

심도 있는 고민을 해야 할 시간

IT 업계에는 "네카라쿠배"라는 마법 주문 같은 말이 있다. "네카라쿠배" 뒤에 "당토"라는 단어가 더 붙기도 하는데, "네이버, 카카오, 라인, 쿠팡, 배달의 민족, 당근마켓, 토스"와 같은 개발자가 취업하고 싶어 하는 회사를 일컫는 말이다. 20년 전만 하더라도 전산 전공자들이 취업하고 싶은 회사들은 삼성, LG, CJ, 현대, 한화, 은행권 같은 대기업이었다. 하지만 최근 대학 졸업생들은 기존의 대기업 대신 좀 더 근무 체계가 유연한 시스템을 가진 인터넷 기업들을 선호하는 추세이다.

전 세계적으로 코로나가 한참 극성을 부리던 2020년부터 2022년 초에 오프라인 업계는 한파가 불었지만, IT 업계는 호황이었다. 개발 업계에서 IT 개발자의 몸값을 올리기 시작했고, 오프라인에서 돈을 쓸 수 없는 소비자들이 온라인으로 몰려들었다. 오프라인 매장에 가는 대신 안전한 집안에서 쇼핑을 하고 음식을 배달해서 먹게 됐다. 오프라인상에서 장사가 잘 안 되니 다들 온라인 쇼핑몰을 구축하고 싶어 했고 퀄리티 높은 개발자의 수요에 비해 공급이 턱없이 부족해졌다. 특히 프론트엔드의 개발 방식이 React를 사용한 SPASingle Page Application 방식인데, 프론트엔드 개발자들이 JSONJavaScript Object Notation을 받아서 화면에 출력하는 모든 영역을 담당하게 되면서 백엔드와 프론트엔드의 영역이 명백히 나눠지기 시작했다. 비전공자인 경우에도 학원에서 프론트엔드 개발을 3개월 정도로 배우고 나면 실무 개발이 가능하도록 학원이 커리큘럼을 계획하고 시행하게 됐다. 따라서 비전공자들도 학원에서 프론트엔드 개발 지식을 3개월간 배우고 수료하면 회사의 규모는 어떻든 간에 관련 IT 기업에 신입으로 입사가 가능해졌다.

그리고 1년 정도 경력을 쌓으면 연봉을 10% 이상 올리며 이직이 가능하게 됐다. 특히 "네카라쿠배당토"에서 신입 초봉 6천만 원을 홍보하면서 개발자로의 업종 전환이 가속화됐다. 모두가 "네카라쿠배당토"에 갈 수 있는 것은 아니지만, 이런 활황 분위기는 처음 취업을 하는 개발자들에게는 희소식이라고 할 수 있다. 하지만 코로나로 인한 거리두기가 풀리자 오프라인 쇼핑으로 사람들이 다시 빠져나갔고, 미국에서부터 경기가 침체되기 시작하면서 국내 채용이 다시 둔화되고 있다.

기억할지 모르겠지만, 과거에도 유사한 개발자 교육 및 채용 붐이 있었다. 과거 정부의 IT 육성 사업으로 인해 다음, 네이버 등의 1세대 인터넷 기업들이 등장했고, 학원을 통해 비전공 개발자들이 많이 배출됐다. 이로 인해 개발자들이 넘쳐났는데, 이는 개발자들의 몸값을 낮추는 계기가 됐다. 지금은 경력 2~3년 차 이상의 프론트엔드 개발자들을 채용하기 힘들지만, 3~5년 후에는 엄청나게 많은 공급으로 인해 문제가 발생할 수도 있지 않을까 예상해 본다.

이상으로 개발자 채용 시장의 분위기에 대해 간략하게 설명했다. 이제 여러분이 대학을 컴퓨터 관련 학과로 가기로 결정했다거나 아니면 개발자가 되고자 하는 꿈을 꾸거나 개발 관련 전공자가 아니고 다른 분야에 있다가 개발자가 되기 위해 고민하고 있다면 '왜 개발자가 되고 싶은지'에 대해 심도 깊게 고민해 보자. 대학 입학을 고민하고 있다면 '내가 이 분야에 적성을 갖고 있는가?'를 고민해 봐야 하고, 업종을 전환할 생각이라면 당장 현재가 힘들기 때문이 아니라 '왜 나는 개발자가 되고 싶을까?'에 대한 고민이 필요하다. 한때의 짧은 업계의 호황을 보고 개발자를 꿈꾸고 있다면 주변의 조언자 등을 통해 개발 현업에 대해 깊이 있게 조사할 필요도 있다. 모든 직업이 쉽지는 않지만, 개발자 역시 만만한 직종이 아니기 때문이다.

평생 공부와 정리하는 습관을 가지자!

개발자와 마찬가지로 의사나 디자이너도 평생 공부해야 한다. 의사는 로봇 수술과 같은 새로운 의료 기술 및 수술법이 계속 나오니 공부해야 하고, 디자이너는 포토샵과 3D 툴, 더 나아가서는 동영상 편집까지 해야 하는 세상이다. 개발자들도 구글 안드로이드나 애플 아이폰을 보면 1년마다 새로운 기능과 SDK가 나오기 때문에 매번 새로운 기술 공지에 귀를 기울이고 익혀야 한다. 2009년에 아이폰이 도입되고, 2010년에 안드로이드가 SK 모토로이를 통해 도입되면서 한국에는 앱 개발자라는 새로운 직업이 생겼다. 2013년에 Facebook이 React를 발표하고 나서 현재 React는 프론트엔드를 개발하기 위해서는 반드시 배워야 하는 언어로 자리매김했다. 2016년에는 구글의 알파고와 이세돌이 세기의 바둑 대결을 하면서 구글의 Tensorflow가 인공지능 훈련 및 판독을 위해서는 반드시 배워야 하는 프레임워크가 됐다. 그렇게 또 AI 개발자라는 직업이 탄생하게 됐다. 살펴보면 5~10년 단위로 개발 역사에 큰 획을 긋는 기술들이 나오고 있음을 알 수 있다. 이처럼 새로운 기술들이 계속 나오기 때문에 현재에 안주하지 말고 키보드를 손에서 놓기 전까지 계속 공부해야만 한다.

뭔가를 배웠다면 정리하는 것 또한 개발자에게는 중요하다. Atlassian이라는 회사에서 개발한 Wiki Confluence라는 툴이 있다. 요즘은 Notion으로도 많이 협업하며 정리하는데, 문서를 정리하고 정리한 문서를 공유하는 것은 매우 중요하다.

외부에서 요청 사항을 받아 소프트웨어를 개발하는 것을 SISoftware Integration라고 하는데, 소프트웨어 설계Software Engineering 과목에서는 개발 요구 사항을 적고, 유스케이스Use Case를 그리고, 클래스 다이어그램Class Diagram이나 Time Sequence로 설계하고 개발하면서 상세 내용을 정리하는 방법을 자세하게 가르친다. 이런 SI를 개발할 경우에는 삼성 SDS, LG CNS, CJ Systems, 한화 시스템처럼 100~200명 단위의 많은 인원이 자회사나 정부의 대규모 프로젝트에 투입되기도 한다. 이때는 개발 내용에 대해 많은 문서 작업을 하게 되는데, 이는 프로젝트가 종료돼 운영자들에게 인수 인계된 후에도 그들이 소프트웨어를 유지보수할 때 왜 이렇게 개발했고, 어떻게 동작하는지 이해하는 데 도움이 된다. LG CNS가 수행했던 스마트 교통 카드가 대표적인 예이다.

꼭 이런 SI 프로젝트에 투입되지 않고, 고객에게 제공할 문서를 만드는 일이 아니어도 문서 작업은 중요하다. N사는 Wiki에 내부 기술 문서를 방대하게 보관하고 있어 개발자들이 Wiki를 통해 외부 인터넷에서는 구하기 힘든, 내부 직원들이 개발하고 정리한 기술 자료를 쉽게 찾아볼 수 있다. 작은 회사라도 이런 문서 시스템을 갖추고 정리해 두는 작업은 중요하다. 그리고 정리 습관은 개발자 본인에게도 많은 도움이 된다. 내가 개발한 프로젝트를 다른 사람이 이어받을 때 제대로 정리해 둔 기술 문서가 없으면 난감할 때가 많다.

끊임없는 공부와 정리의 중요성 외에 중요한 습관은 주니어 개발자나 다른 개발자에게 기술을 전수하고 가르치는 것이다. 하나의 개발 언어를 배우고 그 언어에 익숙해지는 데는 많은 시간과 노력이 필요하지만, 개발자는 끊임없이 다른 언어를 배우고 프레임워크를 익혀나가야 한다. 새로운 기술을 공부하고 정리한 후 다른 사람에게 그 기술을 가르쳐 보라. 누군가를 가르치기 위해서는 가르치는 사람이 내용을 완벽하게 이해하고 있어야 한다. 결국 가르치는 것은 지식을 정리하는 데 도움이 되기 때문에 본인에게도 매우 좋다.

개발의 여러 분야들 엿보기

개발자라는 직업에 대해 이해했다면 개발에는 어떤 분야들이 있는지 살펴보자.

크게 게임 개발자, 데이터 분석가, 인공지능 개발자, 연구원, 보안 개발자, 인프라 담당자, DBA, 웹 개발자, 앱 개발자 등으로 구분할 수 있다.

<게임 개발자>

유니티Unity 또는 언리얼 엔진Unreal Engine으로 게임을 개발하는 직종이다.

<데이터 분석가(Data Analyst)>

빅데이터 기반으로 데이터를 Google BigCloud나 AWS로 수집한 후 분석하고 태블로Tableau 등으로 표현해서 보고하는 역할을 한다. 좀 더 개발쪽으로 치우치면 데이터 엔지니어로 나누기도 한다.

<인공지능 개발자>

데이터 분석가와 연결되기도 한다. 빅데이터 기반으로 언어 데이터, 쇼핑몰의 고객 주문 데이터, 사진 및 이미지 데이터 등으로 모델을 훈련하고 인식하는 직종이다.

<연구원>

대학에서 컴퓨터 관련 전공을 한 후 석사나 박사 과정을 거쳐 대학이나 기업의 연구소에 취직하거나 담당 교수와 연구를 계속하기도 하고 대학에 취직하기도 한다.

\<보안 개발자>

각종 보안 트렌드의 취약점에 대응하거나 때로는 바이러스에 대응하는 백신을 개발하기도 하고 해커의 공격이나 DDoS 공격 Distributed Denial of Service Attack 등에 대응하는 보안 관련 업무를 진행한다.

\<인프라 담당자>

IDC Internet Data Center에서 운영되는 서버를 관리하고 기업의 각종 인프라를 담당한다. 네트워크망, 더 나아가서는 트래픽 모니터링까지 관리하고 서버 관련 장애에 대응하기도 한다.

\<DBA>

데이터베이스를 설치, 운영, 튜닝을 담당하는 직종이다.

\<웹 개발자>

학원 교육을 통해 비전공자가 비교적 손쉽게 업종을 전환할 수 있는 프론트엔드 개발자와 백엔드 개발자가 있다.

❶ 프론트엔드 개발자

프론트엔드 개발자는 2005년에서 2015년경까지는 스타일시트 CSS, Cascading Style Sheets(HTML로 작성된 문서의 표시 방법)를 담당하는 마크업 개발자 또는 퍼블리셔라고도 불렸으며, 디자인 기획에 맞춰서

HTML 기반으로 웹화면을 만들어 내는 일을 한다.

SPA Single Page Applicatoin(서버로부터 새로운 페이지를 불러오지 않고 현재의 페이지를 동적으로 다시 작성함으로써 사용자와 소통하는 웹 애플리케이션) 방식으로 프론트엔드 웹의 개발 방식이 변경되기 전에도 학원에서 2개월 정도의 교육과정을 통해 퍼블리셔가 될 수 있었다. 전에는 디자이너들이 퍼블리셔로 업종 전환을 많이 했는데, 개발보다는 디자인 영역에 좀 더 가까운 직종이었다. 실력이 좋은 퍼블리셔들은 개발쪽에 가까운 자바스크립트인 제이쿼리JQuery(HTML의 클라이언트 사이드 조작을 단순화하도록 설계된 크로스 플랫폼의 자바스크립트 라이브러리)까지도 가능했다.

퍼블리싱하는 데는 고도의 기술이 필요하지 않기 때문에 진입 장벽이 낮아서 급여가 높은 편은 아니었다. 이 직종이 Facebook의 React붐으로 인해 프론트엔드 웹 개발자로 변형된다.

요즘도 프론트엔드 웹 개발자는 열심히 공부할 경우 보통 학원에서 3개월 정도의 집중 과정을 통해 신입 개발자로의 취업이 가능하다. 물론, 대학의 컴퓨터 전공자가 웹 화면 구현에 관심이 많아 프론트엔드 개발자가 된다면 학원에서 잠깐 배운 비전공자보다 기술 면에서는 더 뛰어날 수 있다. 프론트엔드와 백엔드 영역이 명확하게 나뉜다고는 해도 프론트엔드 개발자가 영역에 대한 공부가 깊어지면 AWS 인프라와 DevOps에 관심을 더 갖게 된다. 처음에는 React만 사용하다가 한계를 느끼고 SEO Search Engine Optimization 때문에 Next.js를 공부하고, class 기반 개발을 위해 TypeScript를 공부하고, Docker나 쿠버네티스Kubernetes(클라우드화된 애플리케이션을 빠르게 자동으로 배포하고, 컨테이너들의 자동 배포, 스케일링 등을 제공하는 시스템) 배포까지 공부하기도 한다.

❷ 백엔드 개발자

백엔드 개발자는 과거의 웹 개발자를 일컫는다. 학원에서는 최소 6개월 과정으로 가르친다. 모바일의 탄생 시기인 2010년을 기점으로 과거의 웹 개발자는 규모가 작은 회사에서는 인프라, DBA, 마크업, 웹 개발 및 보안까지 담당하는 슈퍼맨이었다. 업무가 세분화돼 있는 대기업에서는 각각 전문 담당자로 나눠진다. 그래서 웹 개발자는 현재 앱 개발자, 프론트엔드 개발자, 백엔드 개발자로 업종이 나눠져 있다. 앱 개발자, 프론트엔드 개발자라는 직종 자체가 웹 개발자에서 파생되다 보니 경력이 오랜 앱 개발자, 프론트엔드 개발자 중에는 과거에 웹 개발을 하던 분들이 많다. 규모가 작은 회사들도 프론트엔드 웹과 백엔드 웹을 나누는 경우가 많다 보니 웹 개발자의 영역이 서버 및 DB 관리, API Application Programming Interface까지 백엔드 개발자의 영역으로 축소되고 있는 추세이다.

<앱 개발자>

앱 개발자는 구글 안드로이드나 아이폰과 관련된 개발을 하는 사람들이다. 실제로 스마트폰에 실행되는 프로그램을 올려볼 수 있고, 개발 실력뿐만 아니라 기획력을 갖추고 있다면 함께 일할 수 있는 동료를 모으는 경우 창업도 가능하다. 폰 판매를 위해 OS에 신기술을 계속 추가하면서 매년 새로운 것을 발표하고 있다 보니 폰에 올라가는 OS나 SDK도 매년 바뀐다. OS, 하드웨어의 메모리, 카메라, GPS, 화면 터치 및 슬라이드 등의 동작, 해상도까지 고려해야 하는 경우가 있어서 매년 기술 공부를 해야 한다. 앱 개발자는 프론트엔드 웹과 마찬가지로 백엔드 개발자로부터 API를 받아서 화면의 기능을 구현하기 때문에 프론트엔드 계열에 속하지만, 난이도는 더 높은 편이다.

같은 개발자라 하더라도 어떤 분야를 선택할지에 따라 공부해야 하는 분야가 달라진다. 그러므로 어떤 직종의 개발자가 될 것인가에 대해 신중하게 생각해 보라.

목표를 좀 더 구체적으로 설정하기: 대기업, 스타트업, 창업?

취업을 한다면 어떤 곳을 원하는가? 개발자로서 취직할 수 있는 기업에는 어떤 곳이 있을까? 물론, 원한다고 모든 것을 다 가질 수 없듯이 취업도 원한다고 모든 곳에 다 갈 수 있는 것은 아니다. 하지만 본인의 목표 설정에 따라 취해야 할 전략이 달라질 수는 있다.

현재 본인이 갖고 있는 기술이나 스펙이 굉장히 좋다면 대기업이나 공기업을 목표로 준비해 볼 수 있을 것이다. 하지만 대부분은 그렇지 못하다. 이럴 때는 중소기업이나 스타트업으로 먼저 취직을 해서 기술을 배우고 회사 발전에 이바지한 후 점점 더 위로 점프하며 최종 목표로 나아가는 방법이 있다.

또는 직접 창업을 하는 방법도 있다. 아니면 뜻이 잘 맞는 창업한 CEOChief of Executive Officer나 CSOChief of Strategy Officer와 함께 기술을 총괄하는 CTOChief of Technology Officer로 일하거나 그 개발 팀에 개발 자로 합류하는 방법도 있다. 본인이 기획력이나 실행력이 있다면 직 접 창업을 하는 것이 좋지만, 자본금과 기획자, 디자이너가 필요할 수 있기 때문에 처음에는 함께할 동료를 모으는 방법을 추천한다.

3 나만의 개발 공부법 공개

한번에 너무 욕심 내지 말고 서점에 자주 가자!

최근에 대형 서점에 가서 개발 도서 관련 구역에 가본 적이 있는 가? 인터넷 커뮤니티를 통해 기술을 모니터링하는 것도 좋지만, 최 소 한 달에 한 번은 대형 서점에 가서 구매는 하지 않더라도 어떤 개 발 도서가 나와 있는지, 요즘은 어떤 기술이 유행하고 있는지 직접 둘러보라. 처음보는 기술이 서적으로 출간됐다면 잘 기억하고 있다 가 해당 기술에 대해 조사해 보자.

서점에 갔을 때 컴퓨터 관련 전공 1학년이라면 한 번이라도 들어 보거나 공부하고 싶은 내용의 책을 들춰 보면서 도대체 무엇부터 어 떻게 공부해야 할지 몰라 한숨이 나올 수도 있다.

필자 또한 대학교 1학년 때 그런 심정이었다. C 언어는 아직 안 배운 상태인데, C 언어로 게임 개발도 하고 싶고, 델파이 신전이라고 파스칼로 윈도우 응용 애플리케이션을 만들려고도 했다.

'그런데 도대체 어떻게 공부해 나가야 하지?' 하며 고민했다. 지금 대학교 1학년이거나 학원에서 공부를 마치고 취업을 준비 중이거나 방금 취업했다면 너무 고민하지 마라. 괜찮다. 주어진 시간은 많고 기초부터 하나씩 차근차근 열심히 익혀 나가면 된다. 처음부터 너무 욕심을 내서 기본 과정을 건너뛰지 마라. 기초 없이 쌓아올린 지식은 무너지기 쉽다.

멘토, 의지할 스승을 만들자!

해당 직업쪽으로 주변에 의지하거나 마음을 열고 상담받을 수 있는 정신적인 스승이 있는가? 이런 스승을 "멘토Mentor"라고 한다. 『오디세이Odyssey』에 나오는 오디세우스의 충실한 조언자의 이름인 "멘토"에서 유래한 말이다. 주변에서 개발쪽으로 의지할 만하거나 깊은 가르침을 줄 수 있는 사람을 찾아봐라. 주변에 그런 사람이 있다면 의지하면서 배우도록 한다.

물론, 멘토가 항상 모든 것을 해줄 수는 없다. 본인 스스로 성장하도록 공부하면서 멘토에게는 약간의 가르침과 방향성 정도를 얻는다고 생각하면 된다. 공부하다 어떤 벽에 부딪혀 도저히 나아가지 못하고 있을 때 멘토가 방향을 이끌어 줄 수 있다면 상황을 헤쳐 나가는 데 큰 도움이 될 것이다.

필자가 대학교 1학년 때 한 학년 위인 2학년 선배가 필자의 멘토였다. 학과 내 컴퓨터 동아리에서 당시에는 멘토가 가르쳐 주는 지식을 모두 이해하지는 못했지만, 지금 생각해 보면 C 언어쪽으로 많은 가르침을 받은 것이었다. 그 선배와 함께 Boland C++(Boland사에서 개발한 C 언어 컴파일 툴)로 게임을 개발해서 컴퓨터 동아리 내에서 발표도 하고, 학과 내에서 운영하던 Telnet BBS를 C 언어를 사용해 웹 환경에서 서비스되는 BBS로 개발해서 운영하기도 했다. 선배는 힘들었던 대학 생활에서 정말 큰 힘이 됐고 필자가 개발자의 길로 순탄하게 들어설 수 있도록 이끌어 줬다. 자영업 게임 개발자를 꿈꾸던 선배 멘토는 iOS 개발자가 돼 1인 회사를 창업했다. 필자는 당시의 멘토인 학교 선배와 지금도 가끔 연락을 주고받고 있다.

N사에 책 개발자로 취업한 후에는 3살 정도 위인 계약직 개발자가 필자의 멘토였다. 취업 전에는 스스로 PHP 개발을 잘한다는 자만심이 있었는데, 입사하고 보니 실무에 사용할 때는 고민해야 할 부분들이 많았다. 이런 부분에서 사용할 플랫폼과 개발 패턴을 안내해 주며 친절하게 업무에 적응할 수 있도록 도움을 받았다. 차후 계약이 연장되지 않아서 퇴사했는데, 그 후에도 계속 연락을 주고받다가 필자가 스타트업을 할 때 합류했지만 시간이 흐른 만큼 보이지 않는 갭이 느껴졌다.

어찌된 일인지 고민이 됐다. 결국 멘토와 떨어져 있던 오랜 시간

동안에 필자는 성장을 했고 서로의 눈높이가 달라져 있다는 것을 깨닫게 됐다.

2~3년 차여, 자만하지 마라! 벼는 익을수록 고개를 숙인다

이번에는 개발자의 태도에 대해 이야기해 보겠다. 개발 기술보다는 인간관계와 매너에 대한 것이다.

중2 병이라는 말이 있다. 사춘기로 인해 이성적인 대화가 통하지 않는 중학교 2학년을 일컫는 말로, 교장 선생님조차 무서워한다는 것이다. 다른 직종도 비슷할 수 있는데, 개발에도 2~3년 차 경력일 때가 가장 자만심에 빠지기 쉽다. 필자도 잠깐 그런 적이 있었지만, 이때가 가장 조심해야 할 시기이다.

개발자 지망생이나 개발자가 사용하고 있는 개발 언어와 프레임워크를 살펴보라. 우리가 C 언어나 Java 같은 언어를 직접 만들지 않은 이상 우리는 모두 사용자User이다. 다른 사람이 발명한 OS에서 다른 사람이 발명한 개발 언어를 어떻게 사용하고 있느냐의 차이만 있을 뿐이다. 자신감은 가져도 되지만, 자만심에 빠져 남을 헐뜯거나 무시해서는 안 된다. 리누스 토발즈Linus Torvalds(핀란드의 개발자, 리눅스의 창시자)처럼 Linux(리눅스)를 만들었는가? 제임스 고슬링James Gosling(Java의 창시자)처럼 자바를 만들었는가?

실제로 조직을 꾸리다 보면 그런 성향을 가진 개발자들이 의외로 많다. 벼는 익을수록 고개를 숙이는 법이다. 개발 경력 2~3년 차에는 여전히 배워야 할 것들이 많고 세상에는 고수들이 즐비하다. 약간의 지식에 자만하지 말고 항상 겸손하고 공부하고 또 공부하시기를 바란다.

컴퓨터 비전공자와 전공자의 갭과 차이: 나는 늦었을까?

이번에는 컴퓨터 전공자가 아닌, 비전공자와 관련된 내용이다.

필자는 스타트업 창업을 고민하는 사람들에게 "하지 마세요."라고 이야기하는 편이다.

그리고 그 이유에 대해 설명을 한다. 가능하면 지금의 안정적인 직장에 계속 있으라고 권하지만, 정말 창업해 보고 싶어 하는 열정이 보이면 길을 안내해 준다.

개발도 마찬가지이다. 개발자가 아닌, 다른 길을 걸어오던 비전공자라면 조금만 더 고민해 보기를 권한다. 개발자의 길은 쉽지 않다. 공부할 것들이 너무 많고 취업도 쉽지 않으며 설령 취업하더라도 순탄하지 않다. 미래가 안정적으로 펼쳐져 있지도 않다. 하지만 개발자가 되기로 결심했다면 굳은 각오로 공부에 매진하기를 바란다.

뒤늦게 개발자라는 직업을 택하는 사람도 많다. 심지어 어떤 분야에서는 60세가 넘어 공부하기 위해 대학에 다시 가는 사람들도 있다. 다른 직업을 갖는 일이기에 최적의 커리어 테크가 아닌 이상, 늦었느냐 아니냐가 중요한 것이 아니다. 도전하는 마음가짐이 중요하다.

컴퓨터 전공자와 비전공자 간의 갭은 당연히 있을 수밖에 없다.

하지만 그 갭을 따라잡기 위해 끝없이 노력하고 도전한다면 그 갭은 분명 줄어들 것이고 오히려 뛰어 넘게 될 수도 있을 것이다.

학원? 책이냐, 동영상이냐?
어떻게 공부하지? 시간 배분을 잘하자!

<미친듯이 모든 것을 공부한 후 잊어버리자!>

우리는 평소에 어떻게 개발 관련 공부를 하면 좋을까? 필자의 이야기는 지극히 개인적인 방법이고 독자분들에게 맞지 않을 수도 있다. 무조건 모범생의 공부 방법을 따라한다고 해서 모두 공부를 잘하게 되는 것은 아니다. 자신에게 맞는 공부 방법을 찾아야 한다.

무협지의 주인공들은 내공을 쌓으며 각종 검술을 수련한다. 화려한 초식과 검술 기교도 중요하지만, 안정적인 내공을 쌓으려고 노력한다. 컴퓨터 관련 학문들도 무공과 비슷하다고 생각한다. 학파가 존재하고 해당 학파에 따르는 제자 및 추종자들이 있다. 느리지만 무겁고 안정적으로 천천히 가는 정파의 방법이 있다면, 빠르게 개발하는 사파의 기술도 있다. 이를 테면 화산파의 검술을 익히고 있더라도 각종 최상위 무공의 파훼법을 알려면 다른 문파의 무공도 익히면 좋다. 개발도 모조리 닥치는 대로 공부할 수 있으면 모두 익혀라. 그리고 익히면 모두 잊어버려라. 그것이 필자가 공부하는 방법이다.

검술(코딩)은 간단하고 명료하게 하고, 무리하게 복잡한 기교를 발휘하지 마라. 가장 짧으면서도 무게감이 적게 코딩하고 그 코드로 빠르게 DB에 전달되도록 최적의 방법을 찾도록 한다. 그동안 공부한 모든 개발 언어(검술)를 기억할 필요는 없다. 오래 공부하면 손이 그것을 기억한다. 운동을 하면 몸의 근육이 지난 운동을 기억하는 것처럼.

하루가 다르게 새로운 기술들이 쏟아져 나오기 때문에 어차피 모든 기술을 다 공부할 수는 없다. 필자는 N사 입사 후부터 블로그에 꾸준히 공부한 내용들을 적어 나가고 있다. 고등학교 시절에는 『퇴마록』을 읽으면서 소설을 쓰거나 만화를 그렸고, 대학교 시절에는 천리안 같은 PC 통신에 환타지 소설을 써서 올리기도 했다. 소설을 쓰기 좋아한다는 것은 정리를 좋아하는 재능일 수 있다. 공부하면서 기술에 대해 정리하거나 관련 기술을 찾은 다음 차후에라도 다시 읽어보고 싶은 내용은 항상 블로그에 모아놓거나 정리해 둔다. 그러고 나서 해당 내용을 찾아볼 때 블로그를 검색한다. 찾아봤는데 없으면 찾아서 다시 정리한다. 이렇게 여러 번 반복하면 블로그 안에 나만의 기억 창고가 정돈되기 시작한다. 배운 것을 다 기억할 필요는 없다. 어차피 요즘은 스택 오버플로우Stack Overflow 사이트를 보지 않고는 개발 관련 문제 해결이 힘든 세상이니까. 열심히 공부하고 부담 없이 다 잊어버려라. 무형식의 형식, 배웠던 모든 무공 초식을 잊어버리는 순간, 여러분은 가장 강해진다.

<새로운 기술을 익힐 때의 공부 방법 : 책을 통한 스터디, 동영상?>

필자는 주로 스터디 그룹을 만들고 책을 한 권 정한 후 한 권씩 구매하게 한다. 그리고 목차를 보고 챕터를 균등하게 나눠서 한 주에

한 명씩 발표하는 형태로 진행한다. 발표자와 다른 스터디 멤버들은 그 내용을 다 같이 공부해서 해당 시간에 발표자가 발표할 때 다른 스터디 멤버들은 본인들이 공부해 온 내용과 비교해 본다.

필자는 이 방법을 오랫동안 고수했고 스타트업의 CTO로 있으면서도 적용해 왔는데, 요즘은 공부 방법의 트렌드가 동영상을 이용하는 쪽으로 많이 바뀐 것 같다. 실제 스터디를 진행해 보니 모여서 공부하는 것보다는 확실히 동영상 강좌를 선호하는 것을 알 수 있었다. MZ 세대는 개인주의적인 성향이 강해서 동영상으로 혼자 공부할 수 있도록 하는 것을 좋아했다. 함께 모여 동영상으로 공부하는 것도 싫어하는 경우가 있었다.

아무래도 포털 사이트에서 정보를 검색하기보다는 유튜브에서 검색하는 세대라서 그런 것 같다. 유튜브든, 동영상 강좌든 상관없다. 본인에게 맞는 방법을 찾아서 편한 방법으로 공부를 진행해 보라.

<웹도 좋고 앱도 좋다. 내가 만들고 싶은 것을 만들어 보자!>

현재 독자분들은 무슨 기술을 공부하고 있는가? React나 Android, iOS 개발 어떤 것이든 괜찮다. 공부할 때 실제로 개발해서 만들고 싶은 프로그램이 무엇인지 목표를 떠올려 보라. 그리고 A4 용지에 만들고 싶은 앱의 화면을 그림으로 그려보자. '어떤 것을 만들 것인가? 어떤 UIUser Interface를 갖고 있는가? 기능이 어떤 것이 있는가?'를 따져 보는 것을 "기획"이라고 한다.

필자가 처음 안드로이드 개발을 공부할 때 '핑거 러너Finger Runner'

라는 10초 동안 화면을 최대한 많이 클릭해서 기록을 대결하는 게임을 만들어 봤다. 터치를 하면 졸라맨 모양의 연속된 이미지 2장이 움직이는 방식이다. 기록은 PHP 코드를 통해 DB에 저장되게 했다. 안드로이드가 출시됐던 초반이라 스마트폰이 매우 귀할 때였는데, 이렇게 화면을 미친 듯이 터치하면서 기록을 세우는 방식은 처음이라서 당시에 나름 유행해서 각 학교 학생들이 학교 이름으로 기록 대결을 하기도 했다. 필자는 이런 게임을 만드는 기획을 하고, 만드는 데 필요한 기술을 찾아서 공부했다. 독자분들도 만들고 싶은 앱이나 웹사이트를 먼저 떠올리고 해당 목적을 달성하는 데 필요한 기술을 찾아가며 공부해 보라. 물론, 모든 기술을 처음부터 끝까지 매뉴얼 형태로 훑어가며 공부하는 방법이 더 적합한 사람이 있을 수도 있다. 그러니 본인에게 적합한 공부 방법을 찾아서 진행해 보라.

〈현재 시장의 트렌드를 알아보려면 개발 아르바이트를 해보자!〉

개발자가 회사에 오래 근무하고 회사 업무에만 갇혀 지내다 보면 회사 밖 시장의 동향을 내다보는 것이 쉽지 않다. 개발자는 특히 엉덩이가 무거운 직업이다. "디지털 노마드"가 돼 커피숍에서 코딩하거나 해외에서 코딩한다고 하더라도 한 회사에 소속돼 프로젝트를 바쁘게 진행하다 보면 회사라는 건물 안에서 창문을 통해 바깥 세상을 바라볼 여유조차 없을 때가 많다. 당장 회사 개발자들과 호흡을 맞춰서 일정에 따라 해당 프로젝트를 완수해야 하니까. 이럴 때는 가끔 개발 아르바이트를 한 번 해보라. 개발 아르바이트를 주선하는 사이트에서 찾아도 되고 주변 사람을 통해 해도 된다. 이런 경험이 없다면 용기를 내 속해 있는 회사 업무에 지장이 없는 선에서 개발 아르바이트를 한 번 해보라. 모르던 사람을 만나고, "현재 시장에서는 이런 기술이 트렌드구나." 하는 것도 느낄 수 있다. 물론, 너무 오래는 하지 마라. 본업이 있는 상태에서 투잡으로 아르바이트를 한다는 것은 쉽지 않으니까.

N사에 있을 때였다. 웹 개발자로 있으면서 앱 개발이 너무나 하고 싶은데, 회사 창업자가 "우리는 앱을 개발하지 않습니다. 1년간 더욱 더 카페와 메일쪽을 진행하면서 다른 회사를 따라잡을 겁니다." 라고 선언했다. 바깥 세상은 앱 개발로 시끌벅적하고 지인들은 너도 나도 창업을 하는데 웹 개발만 해야 하는 현실이 답답했다. 그래서 개인적으로 앱을 공부하면서 안드로이드펍에 올라온 외주 개발 건을 보고 개발 아르바이트에 지원했다. 꽤 많은 안드로이드 개발 아르바이트를 진행했었는데, 그때 '시장은 이렇게 흘러가는구나!' 하는 것을 알 수 있었다.

용기를 내서 개발 아르바이트에 도전해 보기를 추천한다

<책을 쓰고 강연을 해보자. 힘들면 잠시 쉬어가도 좋다>
정리한 지식이 쌓이면 책으로 엮어보는 것도 좋다.

안드로이드로 게임을 개발하고 나서 어릴 때부터 꿈이었던 내 책을 내고 싶었다. 마침 사내 게시판에서 "출판사에서 책을 내고 싶으면 지원해 보세요."라는 글을 보고 지원했고, 『안드로이드로 용돈벌기』라는 첫 책을 출간할 수 있었다. 30대 중반으로 젊기도 했고, 너무나 해보고 싶던 일이었기 때문에 450페이지 분량의 원고를 3개월 만에 다 썼던 것 같다. 안드로이드 개발에 대해 하고 싶은 이야기가 너무 많았던 때였다.

신생 출판사였는데, 『안드로이드로 용돈벌기』를 내고 얼마 되지 않아 다른 출판사로부터 출판 의뢰를 받게 됐다. 당시에는 유니티가 모바일 게임 시장으로 완전히 들어오지 못했을 때라서 안드로이드로 게임을 개발할 때는 다양한 개발 프레임워크가 나오던 때였다. 그래서 AndEngine이라는 툴로 게임을 개발하는 방법에 대해 『만들면서 배우는 AndEngine 게임 프로그래밍』이라는 책을 출간하게 됐다.

도중에 해당 게임 엔진을 만든 러시아의 개발자 니콜라스가 큰 게임 회사에 취직을 하면서 게임 엔진 개발을 중단하기도 했고, 유니티가 모바일 게임 개발 시장으로 빠르게 진입하면서 AndEngine의 인기가 시들시들해졌다. 하지만 필자에게는 이 두 번째 책 덕분에 좋은 기회가 찾아왔다. 세종대학교 미래교육원에서 모바일 개발 수업을 해당 책으로 진행해 달라는 요청을 받았다. 그 후 『모두의 안드로이드』를 출간했고, 세종대학교에서의 수업도 계속하고 있다.

하지만 책을 쓴다는 것은 굉장히 고된 작업이다. 필자의 커리어 테크를 보고 부러워하던 한 팀원을 안드로이드 JetPack과 관련된 전공 서적 집필자로 출판사에 소개해 줬었는데, 진행한 지 얼마되지 않아 포기했다는 소식을 출판사를 통해 듣게 됐다. 평소에도 꾸준히 글쓰기 연습을 해라. 하지만 글쓰기가 잘 맞지 않는다면 하지 않아도 된다. 모든 사람이 글쓰기에 재능을 갖고 있는 것은 아니다. 그리고 재능이 없어도 괜찮다. 모든 사람이 개발자가 아니고, 모든 사람이 작가가 아닌 것처럼.

<마법 같은 시간의 비밀 : 시간은 쪼갤수록 늘어난다>

공부를 하고 싶은데 시간이 없다고? 이것은 "핑계"이다. 차라리 "책을 살 돈이 없다."가 더 맞을 수도 있다. 필자가 대학교를 다닐 때 전공 관련 개발 서적을 너무 읽고 싶은데 돈이 없어서 책을 사기 위해 며칠간 라면을 먹은 적도 있었다.

공부를 하고 싶다면 시간을 할애해라. 구매해 둔 개발 책을 가까이에 두고 잠깐이라도 읽어보도록 한다. "직장에서는 직장 일에 충실하고, 퇴근 후에는 ○○을 공부한다."라는 나름의 원칙을 세우고 공부 시간을 정해놓고 지킨다. 더 하고 싶은 공부가 있다면 또 시간을 요일별로 나눠서 계획을 세워본다.

> **"월~금은 xxx1을 공부하고, 토/일은 xxx2를 공부하고 개발해 본다."**

실제로 계획을 세우고 실천해 보면 굉장히 놀라운 일이 벌어진다. 나에게 주어진 시간은 분명히 유한했었는데, 없었던 시간이 생기고 나는 계획했던 뭔가를 하고 있다. 마치 마법이 일어난 것처럼 시간을 쪼개면 쪼갠 만큼 더 생기게 된다.

결국은 사람이다

모든 것의 시작과 끝은 결국 사람이다. 거대한 공장을 만들고 핸드폰을 만들어 내고 반도체를 생산하는 S사도 결국 시작은 사람이 해낸 일이다.

사실 개발은 아무것도 아니다. 앞서 언급한 것처럼 본인이 Linux OS를 만들었거나 Java 언어를 개발했거나 PHP나 Node.js를 개발한 사람이 아니라면 우리는 그냥 다 같은 사용자일 뿐이다. 사용법을 좀 더 알게 되면 다른 사람에게 설명해 주고, 모르는 내용이 있으면 공부를 하면 된다. 중요한 것은 겸손한 마음으로 차분히 끈기 있게 공부할 수 있는 노력이다. 개발자에게 필요한 능력은 겸손과 끈기이다.

"사람을 얻는 자가 천하를 얻는다."

드라마 「선덕여왕」에서 미실이 한 말이다.

우리는 개발자이고, 컴퓨터는 0과 1을 전기 신호로 받아들여 반응하는 기계이다. 개발자는 기계와 인간을 잇는 역할을 하는 존재이다.

개발자는 하루 종일 사람보다 기계와 대화하는 시간이 더 길 때도 많다. 하지만 너무 개발에만 몰입하지 않았으면 좋겠다. 컴퓨터 이론의 근간은 수학이고 논리가 중요하지만, 결국 우리가 개발을 하는 이유는 사람을 위해서이다. 결국은 사람인 것이다. 코드에 대해서는 냉철하면서도 가슴이 따뜻하고 뛰어난 개발자가 됐으면 한다.

4 백엔드 개발자에 대한 심층 분석

백엔드 개발에 대해

필자는 스스로를 백엔드 개발자라고 한다. 여러 회사를 거친 필자의 커리어를 살펴보면 C 언어 개발자, SAP ABAP 개발자, PHP/Java 웹 개발자, 안드로이드 개발자 그리고 CTO이기도 하다. 앞서 이미 살펴봤지만, 웹 개발자는 백엔드 개발자와 프론트엔드 개발자로 나뉜다. 초기 웹 개발자라 불리며 소소하게 웹 서버와 DB를 직접 관리하던 개발자는 백엔드 개발자가 됐고, 마크업 또는 퍼블리셔라 불리던 웹 화면을 담당하던 개발자는 프론트엔드 개발자가 됐다. 필자는 웹 서버와 DB를 구축 및 운영하고 누군가 만들어 준 CSS/HTML 화면에 웹 코드를 입히고 관리 툴을 주로 개발해 왔기 때문에 백엔드 개발자에 가깝다. 백엔드 개발자가 어떤 업무를 담당하는지 좀 더 깊게 살펴보겠다.

백엔드는 그림 4-1과 같이 크게 3개의 영역인 코드Code와 서버
Server 그리고 DB DataBase로 나눠진다. 백엔드 개발자는 코딩을 잘하
는 것은 물론이고 서비스가 운영되는 서버를 설치하고 운영하는 방
법을 알아야 한다. 그리고 데이터가 저장되고 쌓이는 데이터베이스
를 설치 및 운영하고 설계하는 방법을 익혀야 한다.

이 중 하나의 영역만 잘하는 것도 쉬운 일은 아니다. 대학에서는
Java, 인공지능(Python으로 수업) 같은 수업을 통해 Code의 영역을 최소

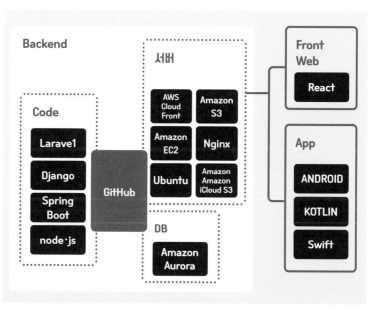

그림 4-1 | 백엔드 로드맵

1년간 배우고, 서버를 익히기 위해 OS(운영체제 수업, 주로 CentOS 리눅스로 실습하며 운영체제의 동작 원리를 배움, 실습 시간을 통해 셸 프로그래밍을 익힘)를 배우고, DB 시간에 오라클 또는 MsSQL이나 MySQL을 실습하며 데이터를 조회하고 삽입하고 가공하는(수정 또는 삭제) 방법을 또 한 학기 동안 배우게 된다. 대학 4년 중 1학년 때는 교양 과목 위주로 수업을 듣는다고 했을 때 주로 2학년과 3학년의 2년 과정에 걸쳐 이 내용들을 배우게 된다. 이것이 비전공자들이 백엔드 개발자 커리어를 6개월 과정으로 진행한다 하더라도 전공자들을 따라가기 힘든 이유이다. 배우는 내용이 압도적으로 많고 과정 자체가 길다.

<코드(Code)>

코드의 영역을 살펴보겠다. 물론, 하나의 언어마다 내용이 방대하므로 가볍게 훑어만 보는 정도로만 다루겠다. PHP는 2000년대부터 존재하던 굉장히 오래된 웹 개발 언어이다. Java의 웹 개발 프레임워크인 SpringBoot가 굉장히 많은 발전을 거듭해 온데 비해, PHP는 오랫동안 정체돼 있었기 때문에 개발자들에게 많은 외면을 받아왔다. 하지만 Laravel이라는 프레임워크가 등장하면서 다시 각광받고 있다. 초기 작은 규모에서 빠른 개발 속도를 자랑한다.

"장고Django"는 Python의 웹 개발 프레임워크이며 구글의 알파고로 인해 인공지능이 주목을 받으면서 함께 도약하기 시작했다. 각종 수학 관련 라이브러리들을 잘 지원하는 것으로 유명하다.

Java SpringBoot는 특히 한국에서 1위 백엔드 개발 언어로 자리

잡은 웹 개발 프레임워크이다. 처음 진입이 어려운 편에 속하고 초기 개발환경 설정이 쉽지 않지만, 한 번 익히게 되면 취업이 쉽고 국내 많은 대기업들이 도입해서 사용 중이다. 특히 전자 정부 프레임워크로 지정돼 있기 때문에 해당 언어를 사용하는 개발자들의 채용이 쉬운 편이다. 원래는 Spring이 존재했는데, 좀 더 사용이 간편하면서도 많은 기능을 지원하는 SpringBoot로 변경됐다. SpringBoot는 DB에 어떤 방식으로 접근하느냐에 따라 전통적인 XML 형태로 데이터를 관리하는 myBatis와 ORMObject Relationship Mapper 방식으로 DB에 데이터 구조를 자동으로 매핑하는 JPAJava Persistence API 방식으로 나뉜다. 이 또한 myBatis가 좋은지, JPA가 좋은지에 대해 끊임없는 갑론을박이 있지만, 각각의 장단점이 있기 때문에 정답은 없다.

Node.js는 자바스크립트 기반의 개발 언어로, 자바스크립트 기반이라 쉽게 접근이 가능하다. 하지만 클래스 형태를 지원하지 않으며 Single Thread 기반이기 때문에 fork로 프로세스를 복제해서 가동하지 않는 한 서버에서 CPU를 한 개만 사용할 수 있어 초기의 가벼운 서비스에는 괜찮지만, 트래픽이 많아지면 퍼포먼스가 떨어지는 편이다.

이런 각 개발 언어들은 다양한 소셜 로그인 라이브러리뿐만 아니라 이미지 업로드 방법 등을 제공한다.

개발 언어로 어떤 것을 선택하느냐는 것은 각각의 장단점이 있기 때문에 사용자의 몫이다. 본인에게 편하고 프로젝트와 구성원에게 적합한 언어를 선택하면 된다. 가끔 어떤 개발 언어가 더 뛰어난가에 대한 논쟁이 벌어지기도 하는데, 일종의 종교 전쟁과도 같아서 정답이 존재하지 않는다고 보면 된다.

\<서버(Server)\>

서버에 대해 살펴보겠다. 예전에는 IDCInternet Data Center라고 서버들을 모아놓고 관리해 주는 곳에 한 대당 300~500만 원 하는 얇고 긴 서버를 사서 넣어두거나 임대해서 웹 서비스를 운영했었다. 이렇게 자체 물리적인 서버를 가동하는 것을 온프레미스OnPremiss 서비스라고 하는데, 요즘은 자신의 특정 물리 서버가 정해지지 않고 다른 사용자와 공유하는 클라우드 기반의 서비스가 널리 사용되고 있다. 특히 그중에서도 미국의 AWS Amazon Web Server 서비스가 유명하며 가장 많이 사용된다. N사의 경우 춘천에 "각"이라고 해서 춘천의 소양강을 이용해서 풍부한 전력을 제공받으며 거대한 IDC를 운영하고 있기도 하다.

온프레미스 서비스를 사용하면 사용자 트래픽을 분산시키기 위해 L4 Switch를 통해 여러 대의 웹 서버에 하나의 도메인으로 분산하는 로드 밸런싱Load Balancing을 하드웨어적인 방법이나 소프트웨어적인 방법으로 구현해야 한다. 하지만 AWS에서는 이런 로드 밸런싱을 손쉽게(아주 손쉽지는 않고 공부해서 익혀야 함) 제공한다. 그리고 이미지를 웹에 보여줄 때 이미지의 용량 자체가 서버의 부하load가 되기 때문에 속도에 영향을 많이 주는데, 이를 위해 이미지 캐싱caching을 해서

한 번 로딩된 이미지는 저장되서 다시 로드되지 않도록 이미지 캐싱 서비스를 사용하게 된다. 온프레미스 서비스를 사용하면 이런 이미지 캐싱 서비스를 업체에서 제공받아야 하는데, AWS에서는 Cloud Front에서 이미지 캐싱을 지원한다.

이미지를 저장하는 하드웨어 또한 신경 쓸 부분이다. AWS에서는 S3Simple Storage Service를 제공해서 쉽게 API를 통해 코드에서 이미지를 업로드하고 접근할 수 있도록 하고 있다.

이렇게 구성된 서버에는 OS(운영체제)가 올라간다. 개발자가 아닌, 일반인들이 많이 사용하는 Microsoft Windows도 OS이다. 하지만 웹 서버를 위한 OS로는 Unix(유닉스) 시스템이 많이 사용되는데, Xenix, HP-UX, Solais 같은 유닉스 시스템은 Unix가 유료이기 때문에 CentOS, Ubuntu 같은 리눅스 시스템을 많이 사용한다. 리눅스 서버는 윈도우의 까만 Command 화면 같은 터미널을 제공하며 파일을 살펴보는 ls 명령어, 파일을 복사하는 cp 명령어, 텍스트 파일을 편집하는 vi 명령어 등 명령어가 다양하다. 이처럼 리눅스는 윈도우와는 다른 명령어를 제공하기 때문에 서버를 잘 다루는 유능한 백엔드 개발자가 되기 위해서는 리눅스 명령어에 익숙해져야 한다.

온프레미스나 클라우드 시스템에 OS를 설치했다면 이제 웹 서버를 설치해야 한다. 웹 서버로는 아파치 재단의 Apache(아파치)가 유명했지만, 요즘은 아파치보다 상대적으로 가벼운 Nginx를 많이 사용하는 편이다. 도메인을 발급받으면 여러분의 웹 서버에서 웹 서비스가 가동된다.

서버를 운영하다 보면 어쩔 수 없이 보안에 대해 신경을 쓰지 않을 수 없게 된다. 보안 취약점을 분석하고 네트워크를 제대로 구성해서 해커가 쉽게 서버에 접근해 로그인하지 못하도록 막는 방어가 필요하다. 포트를 많이 열지 않고 관리하거나 웹이나 DB 서버에 접근하는 IP를 통제하기도 한다. 그리고 DB에 저장되는 데이터를 암호화하는 암호화 개발 역시 보안의 영역에 포함된다. 암호화에는 여러 가지 방법이 있으며, AES Advanced Encryption Standard 256을 많이 사용하는 편이다.

<데이터베이스(DB)>

DB에 대해 살펴보겠다. 웹 개발은 DB 설계로 시작해 데이터를 담고 가공해서 고객에게 제공하는 것이 전부가 아닐까 싶을 정도로 웹 개발에서 DB는 아주 큰 비중을 차지한다. 서비스 개발을 위해 접근하는 언어를 다양하게 변경하더라도 DB는 고정돼 있어야 하기 때문에 DB는 마치 큰 나무의 본체요, 뿌리와 같은 역할을 한다.

DB에는 종류가 많지만, 유명한 유료 DB에는 오라클과 MsSQL이 있고, 무료 DB에는 MySQL과 MariaDB가 있다. 오라클이 MySQL을 인수한 후 MySQL을 개발했던 개발자가 오라클에서 나와 MariaDB를 개발하게 돼 MariaDB가 무료 사용에는 더 적합하다. 데이터베이스는 데이터를 담는 그릇이다. 테이블이라는 구조 안에 필드Field라는 구조들이 담긴 로우Row를 저장하게 된다.

데이터들은 조회select를 비롯해서 삽입insert하거나 삭제delete 또는 수정update이 가능하다. 여러 관계를 맺는 구조를 갖기 때문에 관계형 데이터베이스Relational DataBase라고 부르는데, 관계형 데이터베이스의 검색 속도를 빠르게 하기 위해 Key를 사용해서 최적화하는 인덱싱 indexing 설정을 하지만, 그래도 데이터 자체가 많아지면 RDBRelational DataBase(관계형 데이터베이스)는 속도가 느려질 수밖에 없다. 그래서 2009 년 무렵에 관계형 데이터베이스의 한계를 벗어나기 위해 Key와 Value 단위로 구성된 카산드라나 몽고 DB 같은 NoSQL이 사용되고 있다. 또 Memory에 상주해서 빠른 속도를 내는 Redis 같은 메모리 DB도 있다.

DB는 온프레미스나 클라우드 서버에 직접 개발자나 DBA가 설치하기도 하고, AWS의 경우에는 RDS라는 이미 설치된 별도의 데이터베이스를 제공하기도 한다.

많은 사용자가 동시에 DB에 접속해서 잦은 조회와 쓰기, 수정 등을 시도하면 DB 서버에 부담이 많이 가기 때문에 서비스가 느려진다. 그래서 이런 현상을 해결하기 위해 DB를 한 대로 구성하지 않고 쓰기 전용인 Master DB와 읽기 전용인 Replication DB로 구성했다. 접속자가 더 늘어나면 Replicatoin(복제) 서버를 다시 여러 대로 나눠 사용자가 접근하는 조회 프로세스를 분산하게 된다. 이런 구성을 손쉽게 하기 위해 DB Proxy라는 것을 구성했다. 원래는 Master 와 Slave라는 이름으로 쓰기 전용 DB와 읽기 전용 DB가 나뉘어 불려왔지만, Slave라는 이름이 노예를 연상시킨다고 해서 Replication

으로 부른다.

코드 관리와 배포

개발한 코드는 단순히 저장만 하는 것이 아니라 GitHub라는 코드 버전 관리 프로그램을 통해 저장되고 버전이 관리된다. 버전이 관리된다는 것은 여러 명의 개발자들이 협업을 통해 프로젝트를 진행하며 코드를 공유 공간에 올려 언제, 어떤 코드를 수정했는지 표시 및 기록해서 서로의 코드를 리뷰하는 것을 의미한다. GitHub 이전의 코드 버전 관리 프로그램에는 CVS, SVN 등 여러 가지가 있었다. 하지만 리누스 토발즈가 리눅스 커널 협업 개발을 위해 Git을 개발하면서 Git은 코드 관리의 표준처럼 자리 잡게 됐다. Git에는 GitHub뿐만 아니라 무료 설치형인 GitLab도 있다는 것을 알고 있으면 좋다.

그리고 Jenkins나 GitHub Action 등을 통해 개발한 코드를 개발 서버 또는 서비스용인 리얼 서버에 배포하게 된다. "배포"라는 과정을 통해 개발한 코드는 GitHub에 저장돼 있다가 본격적으로 서버에 담겨서 사용자들을 만나게 된다.

프론트엔드 웹이나 앱(Android, iOS)과의 연동

백엔드 개발자가 개발한 API는 프론트엔드 웹 개발자나 앱 개발자에게 제공돼 웹의 화면이나 스마트폰에서 UI를 통해 데이터가 보

256

여지게 된다. API는 JSON JavaScript Object Notation 이라는 텍스트 형태의
속성을 통해 데이터를 제공한다. 이런 규약은 프론트엔드 웹이나 앱
개발자와 사전에 약속돼 있어야 한다.

백엔드 개발의 업무 영역

백엔드 개발자는 어떤 일을 하게 될까? 전통적인 웹 개발자는 스
스로 화면을 그리고 구성하기 위해 CSS를 만들기도 했고, 서버와
DB, 웹 코드를 모두 다뤘다. 하지만 백엔드 개발자와 프론트엔드 개
발자의 역할이 명확하게 나눠진 요즘의 백엔드 개발자는 서버와 DB
그리고 DB에서 값을 가져와서 프론트엔드 개발자가 화면을 구성할
수 있도록 호출에 대해 값을 전달하는 API 프로그래밍만을 한다. 여
기까지가 백엔드 개발자의 역할이다. 어떻게 보면 백엔드 개발자의
역할이 굉장히 축소됐다고 볼 수도 있겠지만, 여전히 백엔드 개발자
가 할 일은 많다. 프로젝트를 위해 기획자가 Figma라는 툴에 화면을
설계하고 그리면 요구 사항을 파악하기 위해 기획자와 많은 이야기
를 나누고 DB를 설계하고 API를 개발한다.

그리고 Postman이나 Swagger 등을 통해 API URL과 파라미터,
리턴값에 대한 명세를 프론트엔드 개발자에게 제공해야 한다. 프론
트엔드 웹 개발자가 주로 디자이너와 많은 소통을 한다면, 백엔드 개
발자는 기획자와 많은 이야기를 나눠야 한다. 그래서 커뮤니케이션
스킬이 중요한 능력으로 요구되기도 한다.

미래에 대한 도전

독자분들과 함께 필자의 개발자로서의 도전과 여정을 함께 살펴보고, 백엔드 개발자란 무엇이고 어떤 지식에 대한 공부가 필요한지 가볍게 다뤄 봤다. 컴퓨터 지식에는 코딩뿐만 아니라 여러 가지 분야가 있으며, 그러다 보니 직장 또는 매우 다양한 포지션들이 있다. 기회는 도전하는 사람에게만 주어지는 것이다. 개발자란 무엇인가? 현재는 개발자가 아니지만, 개발을 해보고 싶다면 망설이지만 말고 한번 도전해 보기를 추천한다. IT 전공자이지만, 이 분야에 발을 담근지 얼마되지 않아 더 많은 것을 배우고 싶다면 너무 욕심내지 말고하고 싶은 분야부터 차근차근 시작해 보는 것이 좋다. 배워야 할 것들이 너무 많으므로 재미있고 흥미가 느껴지는 것부터 시작해서 배움의 영역을 점점 넓혀가기를 추천한다.

5 챗GPT 활용하기

챗GPT로 커스텀 모델 훈련해서 인식하기

요즘 많은 개발자들이 개발을 하면서 챗GPT에게 질문하며 문제점을 해결하기도 한다. 챗GPT가 정확한 답을 줄 때도 있지만, 만능이 아니다 보니 틀리거나 도움이 안 되는 답을 주기도 한다.

웹 사이트에서 쇼핑을 하다 보면 다른 사람의 쇼핑 데이터를 기반으로 사이트에서 상품을 추천해 준다. 챗GPT로 이런 추천형 모델을 만들고 대화하듯이 질문하는 기능을 개발해 봤다. 개발환경은 imac으로 진행했다.

개발은 챗GPT에게 물어가며 진행했고 여러 착오 과정을 거쳤다. 이런 프로젝트를 통해 챗GPT가 개발하는 데 얼마나 도움이 되는지 확인해 볼 수 있다.

다음과 같이 챗GPT에게 질문했다.

나이, 성별에 따른 스니커즈 구매 데이터를 가지고 있습니다. 가격데이터도 있구요. 이 데이터를 gpt3나 gpt4로 훈련하고 훈련모델을 가지고 구매자가 쇼핑몰에서 본인의 나이, 성별, 원하는 가격 데이터를 설명하면 스니커즈를 해당 훈련된 모델로 추천해주고 싶습니다. 이를 위한 gpt3나 gpt4 훈련용코드와 해당결과로 나온 훈련된모델을 사용해서 chatgpt api를 사용해서 스니커즈 상품을 추천해주는 코드를 알려주세요. 코드는 가능하면 php면 좋겠습니다. php로 불가능하면 python 코드로 알려주세요.

안녕하세요! GPT-3 또는 GPT-4를 사용하여 스니커즈를 추천하는 모델을 만드는 것은 가능합니다. 하지만, 이 작업을 수행하기 위해서는 데이터를 더욱 구체적으로 정의해야 합니다. 예를 들어, 어떤 기준으로 스니커즈를 추천할지, 구매자의 요구사항을 어떻게 해석할지, 어떤 쇼핑몰에서 추천할 것인지 등의 정보가 필요합니다.

이에 따라, 아래는 GPT-3 또는 GPT-4를 사용하여 구매자에게 스니커즈를 추천하는 모델을 만드는 과정에 대한 개요입니다.

이런 식으로 질문을 여러 번 하면서 답을 구해나갔다. 모델을 만들기 위한 데이터는 다음과 같이 챗GPT에 전달했다. 한 줄이 하나의 연결된 값이라고 보면 된다. 콤마(,)로 파싱Parsing(값을 끊어서 읽는 것)하며 나이, 성별, 구매한 가격 그리고 신발 모델명 또는 상표를 표기했다. 이 값들은 대략적으로 설계해 본 샘플 데이터이다.

```
30, 여자, 30000, mx-700,
20, 남자, 20000, cx-800,
35, 여자, 100000, nike,
40, 남자, 50000, jordan,
30, 여자, 400000, asic
```

앞의 데이터 파일은 data.txt로 저장했고, 챗GPT에게 물어보고 만든 코드는 train.py로 다음과 같이 받아 작성했다.

```python
import openai
import json
import time

# OpenAI API key 설정
openai.api_key = "키값"

# GPT-3 모델 생성
model_engine = "davinci"

# 데이터 로드
with open("./data.txt") as f:
```

```
    data = f.readlines()

# 데이터 전처리
examples = []
for line in data:
    #print(line.strip()) # line 내용 출력
    age, gender, model, price = line.strip().split(",")
    prompt = f"나는 {age}살인 {gender}야. {price}원 대인 신발을 추천해줘."
    example = {"prompt": prompt, "completion": model}
    examples.append(example)
    print(example)
    print("\n")

# 데이터 포맷 설정
training_data = []
for example in examples:
    if example["completion"] == "mx-700":
        print(example["prompt"])
    training_data.append(
        {"text": example["prompt"], "metadata": {"model":
example["completion"]}}
    )

# GPT-3 모델 훈련
response_gen = openai.Completion.create(
    engine=model_engine,
    prompt="train",
    max_tokens=7,
    temperature=0,
```

```
    n=1,
    stream=True,
)

response = next(response_gen)
while "model" not in response:
    log = response["choices"][0]["text"]
    print(log)
    response = next(response_gen)

# 모델 다운로드
model_id = response["model"]

# 모델 학습이 완료될 때까지 대기
i = 0

while True:
    try:
        model_data = openai.Model.retrieve(model_id)
    except Exception as e:
        print("Waiting for training to start... : {e}")
        continue

    i=i+1
    print(i)

    if "training" not in model_data:
        print("Error: invalid model data")
        #print(json.dumps(model_data, indent=2))
```

```python
        continue
    if "model_version" not in model_data["training"]:
        print("Error: invalid model version")
        #print(json.dumps(model_data, indent=2))
        continue
    if "status" not in model_data["training"]["model_version"]:
        print("Error: invalid model version")
        #print(json.dumps(model_data, indent=2))
        continue


    status = model_data["training"]["model_version"]["status"]
    created = model_data["training"]["created_at"]
    started = model_data["training"]["model_version"]["created_at"]
    time = model_data["training"]["model_version"]["training_time"]
    cost = model_data["training"]["cost"]
    print(f"Status: {status}")
    print(f"Created: {created}")
    print(f"Training started: {started}")
    print(f"Training time: {time}")
    print(f"Cost: ${cost}")

    if status == "ready":
        break
    print(f"Waiting for model to train. Current status: {status}")
    time.sleep(30)


# 모델 데이터 확인
```

```
if "model" not in model_data:
    print("Error: model data not found")
else:
    # 모델 저장
    model = json.dumps(model_data["model"])
    with open("shoes.model", "w") as f:
        f.write(model)
    print("Training completed successfully!")

    # 모델 훈련 상태 확인
    for chunk in response:
        print(chunk["text"])
```

질문하고 싶은 프롬프트는 다음과 같다.

고객이 다음과 같이 사이트에 입력하면 데이터에 기반해서 "mx-700"이라는 상품을 추천해 주고, python3 train.py라고 입력하면 훈련 모델인 shoes.model이 만들어져야 한다.

"나는 30살인 여자야. 30000원 대인 신발을 추천해줘."

챗GPT가 알려준 코드를 실행해 봤다. 그런데 이상하게 20여 분이 지나도 계속 훈련 중이고 과정이 끝나지 않는다.

무엇이 잘못된 것인지 곰곰이 고민해 본다.

264

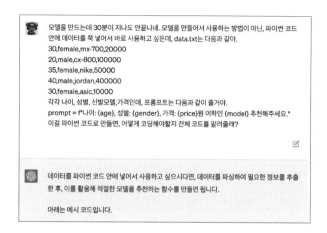

모델을 만드는데 30분이 지나도 안끝나네. 모델을 만들어서 사용하는 방법이 아닌, 파이썬 코드 안에 데이터를 쭉 넣어서 바로 사용하고 싶은데, data.txt는 다음과 같아.
30,female,mx-700,20000
20,male,cx-800,100000
35,female,nike,50000
40,male,jordan,400000
30,female,asic,10000
각각 나이, 성별, 신발모델,가격인데, 프롬프트는 다음과 같이 줄거야.
prompt = f"나이: {age}, 성별: {gender}, 가격: {price}원 이하인 {model} 추천해주세요."
이걸 파이썬 코드로 만들면, 어떻게 코딩해야할지 전체 코드를 알려줄래?

데이터를 파이썬 코드 안에 넣어서 사용하고 싶으시다면, 데이터를 파싱하여 필요한 정보를 추출한 후, 이를 활용해 적절한 모델을 추천하는 함수를 만들면 됩니다.

아래는 예시 코드입니다.

챗GPT에게도 여러 방향으로 질문을 바꿔가며 물어보지만, 해결 방법이 마땅치 않다. 이럴 때는 기본으로 돌아가야 한다. 놓친 부분이 있는지 다시 openai 사이트에서 기본 문서를 차분히 읽어본다.

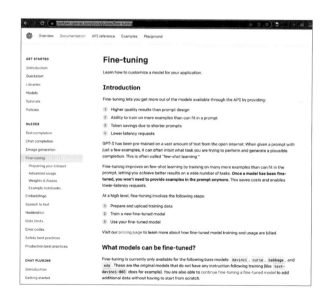

Fine-Tuning이라는 모델 훈련법이 있는 것 같은데, 문서를 읽어 봐도 이해하기가 쉽지 않다. 인터넷에 Fine-Tuning이라는 검색어로 한글로 된 문서를 더 찾아본다.

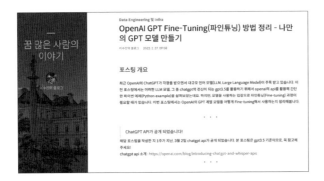

한글로 된 괜찮은 문서를 찾았다. 한글로 된 블로그 글을 읽어보니 "엇! 내가 했던 모델 훈련법이 틀린 건가?" 싶다. 챗GPT가 방향에 대한 가이드는 해주지만, 그 가이드가 아직까지 완벽하다고 보기는 힘든 것 같다. 오히려 웹 사이트 검색을 통해 블로그를 참조하는 전통적인 방법이 아직까지는 더 나을 수도 있다. 블로그에서 안내하는 GitHub의 공개 소스 기준으로 살펴보겠다. 데이터는 JSON 방식으로 만든다.

다음과 같이 작성했다. prompt에 질문을 넣고, completion에 응답을 넣었다. 내용 자체는 전혀 근거가 없는 샘플 데이터이다. { }(중괄호)로 둘러싼 JSON 형태이지만, 완벽한 JSON은 아니다(완벽한 JSON

은 담긴 데이터를 구조적으로 분리하는 사이트에 넣었을 때 제대로 구분되야 하지만, 챗GPT가 훈련용으로 받아들이는 데이터는 전체적으로 완벽한 JSON이 아닌, 한 줄 단위로만 완벽한 JSON 형태이다). 하지만 챗GPT에서 인식 가능한 형태이므로 걱정하지 않아도 된다. 파일은 sneakers.jsonl이라고 하자.

```
{"prompt": "30살인 여자인데 20000 원 가격대인 신발 모델을 추천해줘. \n",
"completion": "mx-700를 추천드립니다.\n"}
{"prompt": "20살인 남자인데 100000 원 가격대인 신발을 추천해줘. \n",
"completion": "cx-800를 추천드립니다.\n"}
{"prompt": "50살인 여자인데 50000 원 가격대인 신발을 추천해줘. \n",
"completion": "nike를 추천드립니다.\n"}
{"prompt": "40살인 남자인데 400000 원 가격대인 신발을 추천해줘. \n",
"completion": "jordan 추천드립니다.\n"}
{"prompt": "30살인 여자인데 10000 원 가격대인 신발을 추천해줘. \n",
"completion": "asics를 추천드립니다.\n"}
{"prompt": "35살인 여자인데 20000 원 가격에서 신발을 추천해줘. \n",
"completion": "mx-700를 추천드립니다.\n"}
{"prompt": "25살인 남자인데 100000 원 가격대인 신발을 추천해줘. \n",
"completion": "cx-800를 추천드립니다.\n"}
{"prompt": "55살인 여자인데 50000 원 가격대 신발 모델을 추천해줘. \n",
"completion": "nike를 추천드립니다.\n"}
{"prompt": "45살인 남자인데 400000 원가격대인 스니커즈를 추천해줘. \n",
"completion": "asics를 추천드립니다.\n"}
```

openai tools fine_tunes.prepare_data -f sneakers.jsonl이라고 명령어를 넣으면 sneakers_prepared.jsonl 파일이라는 포맷이 조금

다른, 챗GPT가 활용하기 위한 파일이 생성된다.

```
wono77@wonui-iMac sneakers % openai tools fine_tunes.prepare_data -f sneakers.jsonl
Analyzing...

- Your file contains 10 prompt-completion pairs. In general, we recommend having at least a few hundred examples. We've found that performance tends to linearly increase for every dou
  bling of the number of examples
- All prompts end with suffix ` \n`
- All completions end with suffix ` \n`
- The completion should start with a whitespace character (` `). This tends to produce better results due to the tokenization we use. See https://platform.openai.com/docs/guides/fine-
  tuning/preparing-your-dataset for more details

Based on the analysis we will perform the following actions:
- [Recommended] Add a whitespace character to the beginning of the completion [Y/n]: y

Your data will be written to a new JSONL file. Proceed [Y/n]: y

Wrote modified file to `sneakers_prepared.jsonl`
Feel free to take a look!

Now use that file when fine-tuning:
> openai api fine_tunes.create -t "sneakers_prepared.jsonl"

After you've fine-tuned a model, remember that your prompt has to end with the indicator string ` \n` for the model to start generating completions, rather than continuing with the pr
ompt. Make sure to include `stop=["\n"]` so that the generated texts ends at the expected place.
Once your model starts training, it'll approximately take 2.58 minutes to train a `curie` model, and less for `ada` and `babbage`. Queue will approximately take half an hour per job a
head of you.
wono77@wonui-iMac sneakers %
```

이번에는 sneakers_prepared.jsonl 파일로 모델을 만든다. 사용하는 챗GPT의 언어 모델은 챗GPT의 모델 중 하나인 davinci를 사용한다. 명령어는 다음과 같이 입력한다.

openai api fine_tunes.create -t sneakers_prepared.jsonl -m davinci

```
wono77@wonui-iMac sneakers % openai api fine_tunes.create -t sneakers_prepared.jsonl -m davinci
Upload progress: 100%|████████████████████████████████████████| 1.27k/1.27k [00:00<00:00, 970kit/s]
Uploaded file from sneakers_prepared.jsonl: file-t2FJmiu3zuPQtiexnUdWQN6B
Created fine-tune: ft-hhaSpFq3a8EVz8SdRCE8usYB
Streaming events until fine-tuning is complete...

(Ctrl-C will interrupt the stream, but not cancel the fine-tune)
[2023-05-25 12:25:21] Created fine-tune: ft-hhaSpFq3a8EVz8SdRCE8usYB

Stream interrupted (client disconnected).
To resume the stream, run:

  openai api fine_tunes.follow -i ft-hhaSpFq3a8EVz8SdRCE8usYB

wono77@wonui-iMac sneakers % openai api fine_tunes.follow -i ft-hhaSpFq3a8EVz8SdRCE8usYB
[2023-05-25 12:25:21] Created fine-tune: ft-hhaSpFq3a8EVz8SdRCE8usYB
[2023-05-25 12:27:32] Fine-tune costs $0.09
[2023-05-25 12:27:32] Fine-tune enqueued. Queue number: 0
[2023-05-25 12:27:37] Fine-tune started

wono77@wonui-iMac sneakers %
```

처음 한 번 실행되고 도중에 중단되는 바람에 콘솔에서 가이드를 주는 대로 다음과 같이 한 번 더 실행해서 정상 처리 완료됐다.

openai api fine_tunes.follow -i ft-hhaSpFq3a8EVz8SdRCEBusYB

openai의 Playground에서 현재 만들어진 모델을 확인할 수 있
다. 콘솔에서 만든 모델이 본인 계정의 Playground에 자동으로 업
로드되는데, 이 시간이 길게는 30분에서 1시간까지 걸릴 수 있다.
조급해하지 말고 기다리면 해당 페이지의 Model란에 "davinci:ft-
personal-날짜시간" 형식으로 모델이 올라온다. 본인이 만든 모델을
선택하고 훈련할 때 사용한 질문을 그대로 넣고 실행해 본다.

20살인 남자인데 100000 원 가격대인 신발을 추천해줘. \n

라고 입력했더니

chx-800를 추천드립니

라고 잘려서 훈련시킨 정답인 cx-800이 아닌, chx-800이라고 챗
GPT의 대답이 나왔다. 하지만 유사도가 높은 그럴듯한 답변이다.

다른 질문을 해본다. 동일한 답변이 여러 번 반복되고 이상하기는
하지만, 이 두 번째 질문에 대해서도 예견된 asics라는 내용이 포함
된 답변을 챗GPT가 해줬다.

질문과 답변을 데이터로 넣고, 모델을 만든 후 챗GPT를 통해 모
델을 토대로 한 답변을 받는 방법을 실습해 보고 진행한 과정을 소개
했다. 물론, 정확하고 괜찮은 형태의 추천이 되기 위해서는 여기서 더

개선이 필요할 것이다. 하지만 챗GPT에게 질문하고 답을 얻는 단순한 활용에서 벗어나서 내가 가진 데이터를 챗GPT에게 훈련시켜 질문 시 챗GPT가 해당 데이터를 추천하게 하는 간단한 형태의 실습을 통해 챗GPT를 활용한 더 다양한 응용 방법이 있음을 알 수 있었다.